こどものあそびぎ

玉井健太郎・玉井瑶子

ASEEDONCLÖUD

文化出版局

JN092386

子どもたちのあそびぎ、どんなものを選びますか？　「子どもはあそぶのがしごと」。親に
なった私たちはこの言葉が身に沁みてわかります。友だちやおもちゃ、自然が生み出す植
物や虫たち、たくさんの人と話をして笑い合ったり、悔やんだり、怒ったり、時にはけん
かをして泣いたり。物を観察して、触ったり、ちぎってみたり、踏んづけてみたり、壊して
みたりと、人の反応や物の変化を実際に見て、感じて、日々たくさんの学びを得てきま
す。そんな子の成長は、親にも学びを与えてくれます。目まぐるしく過ぎてゆく日々。私た
ちが見落としている大切な何かを、子どもたちが丁寧に拾い上げそっと気づかせてくれ
ているのかもしれません。いつもの服で遊ぶ、それでももちろん楽しいけれどせっかくな
ら子どもたちの創造力をかきたてるようなあそびぎはどうでしょう？　探検家、お花屋さ
ん、船乗り……誰かになりきって遊んでいるうちに子どもたちの思いもよらぬクスッと笑
える行動や言葉、おっとこれはいかんな、ということも顔をのぞかせます。あそびはまる
で答え合わせのようで、子どもにとって大切なしごとだと気づかされます。この本の服を
着て、子どもたちがよりいっそう"あそび"という"しごと"に夢中になれることを願って。

CONTENTS

(I1) Smock Shirt

(I2) Smock Shirt

(F1) Doctor Coat

(F2) Doctor Coat

(H1) Explorer Vest

(H2) Explorer Vest

(J1) Marine Pants

(J2) Marine Pants

(B1) Play Bag

(B2) Play Bag

E1 Florist Blouse

E2 Florist Blouse

M1 Marine Shirt

M2 Marine Shirt

L1 Marine Dress

L2 Marine Dress

D1 Florist Dress

D2 Florist Dress

O1 Chef Apron

G1 Explorer Half Pants

G2 Explorer Half Pants

G3 Explorer Half Pants

N1 Chef Collar

N2 Chef Collar

J3 Marine Pants

J4 Marine Pants

P1 Painter All-in-One

P2 Painter All-in-One

A1 Carpenter Overall

A2 Carpenter Overall

C1 Animal Picnic Sheet (Tiger)

C2 Animal Picnic Sheet (Panda)

K1 Play Hat

K2 Play Hat

K3 Play Hat

B1 Play Bag　How to make > p.38

再生繊維（リヨセル）のチノクロスで作ったやわ
らかな肌触りのオーバーオール。胸のポケット
は家の形で、煙突はペン挿しになっています。
キャップをかぶれば、熟練の大工さんのよう！

Carpenter / 大工

(C1) Animal Picnic Sheet (Tiger)
How to make > p.40

Florist / 花屋

 Florist Dress   How to make > p.42

 Florist Blouse   How to make > p.46

ふっくらとした袖のブラウスに同素材のエプロ
ンドレスを重ねて、あこがれのお花屋さんスタイ
ル。袖口と裾にあしらった花や虫が刺繍されたレ
ースのような飾りがアクセント。

Doctor / 医者

(F1) Doctor Coat

How to make > p.49

(G1) Explorer Half Pants　How to make > p.63

27ページのコートと同じパターンですが、真っ白な生地で作ったらお医者さんのようなスタイルに。アースカラーのハーフパンツを合わせて、クールに決めて！

いろいろな種類の松ぼっくりや松葉がプリントされたボタニカルアートのような生地で作ったベストと帽子で、気分は植物学者？ ガーデナー？ 深いグリーンのシャツがよく合います。

Sailor / 船乗り

そろそろ出航！ 目的地は南の島？ それともフィヨルドの北の国？
オリジナルの生地、Sailing jacguardで作った肌触りのいい
ワンピースとパンツは、船乗り気分のご機嫌なアイテムです。

L2   Marine Dress   How to make > p.66

左ページのマリンドレスと同じパターンで。生地を
赤いシャツ地に替えて、ぐっと大人っぽい印象に。
足もとはスニーカーでドレスダウンするのが、今風
着こなしのポイントです。

(A2) **Carpenter Overall**
How to make > **p.34**

ボリュームのあるパンツのサイズ感がかっこいい
オーバーオールは、素肌に着ても、Tシャツに重ね
て着ても。背が伸びても長く着られる一着です。

How to make > p.38

B1 Play Bag

メッシュのバッグは肩にかけたり、生地を替えて作った30ページのようにリュックとしても使える機能美デザイン！ 親子でおそろいで使ってもすてきです。

 Animal Picnic Sheet (Panda)
How to make > **p.40**

28ページで紹介の、トラの顔つきピクニックシートの
パンダバージョンです。どちらもくるくるっとシートを
まるめて顔の中に収納できます。

E2 Florist Blouse   How to make > p.46

G2 Explorer Half Pants   How to make > p.63

チェックオンチェックでファッショナブルに決めて。ブラウス
は袖にゴムが入っているので、たくし上げることができます。
ハーフパンツはユニセックスで履ける便利アイテム。

時にはちょっと背伸びして、黒でシックに。男の子のつ
け衿は24ページのカラーと同じパターン、女の子のド
レスは9ページのお花屋さんのドレスと同じパターン。
どちらもニュアンスのあるレース地です。

12ページM1のセーラーカラーのシャツとJ2
のパンツの素材違いのセットです。セーラ
ーカラーは取り外しができ、衿の裏に保冷
剤やカイロが入るミニポケットつきです。

M2 Marine Shirt　How to make > p.68

J3 Marine Pants　How to make > p.59

O1 Chef Apron　How to make > p.74

N2 Chef Collar　How to make > p.72

J4 Marine Pants　How to make > p.59

エプロンと同素材で作ったつけ衿とパンツのコーディネートでシェフスタイルの完成です。ミトンのようなポケットは、取り外しができます。

Chef / シェフ

Explorer / 探検家

愛犬、アルノとともに探検の旅に！ 単眼鏡に、地図に、ペンに、拾った石に……なんでも入るポケットがいっぱいのベストが頼もしい。おそろいの生地で作った帽子も忘れずに。

(F2) Doctor Coat　　How to make > p.49

パレットみたいに楽しく色が散らばった動物の柄の生地は、29ページのペインターオールインワンと同じものです。芸術家のように、気取って着てみてください。

Animal Picnic Sheet (Tiger)
How to make > **p.40**

トラとパンダ、動物の顔の中にシートを丸めてコンパクト
に収納できます。座ってもお尻が痛くないように、薄い中
わたを入れてふっくらさせて。アウトドアのお供にぜひ。

 Painter All-in-One
How to make > **p.76**

色とりどりの動物たちが描かれた生地で作った
オールインワンは、着ればたちまちペインター!
創造力がアップして、名作が描けちゃうかも?

Painter / 画家

D1　Florist Dress　　How to make > p.42

E1　Florist Blouse　　How to make > p.46

フローリストドレスにはウェストのポケットのほかに、好きな花をちょこんと挿せる小さなホールをあけました。

x

29

B2 Play Bag　How to make > p.38

15ページのバッグと同じパターンですが、張りのあるコットン生地で。がらりと印象も変わります。写真のようにキーホルダーなどがつけられる便利なデザイン。

動きやすいオールインワンは、飛んでも跳ねても
大丈夫！裾についたタブをとめて少し絞ること
で印象も変わります。鮮やかな色のバッグはリ
ュックにもショルダーバッグにもなる2ウェイ。

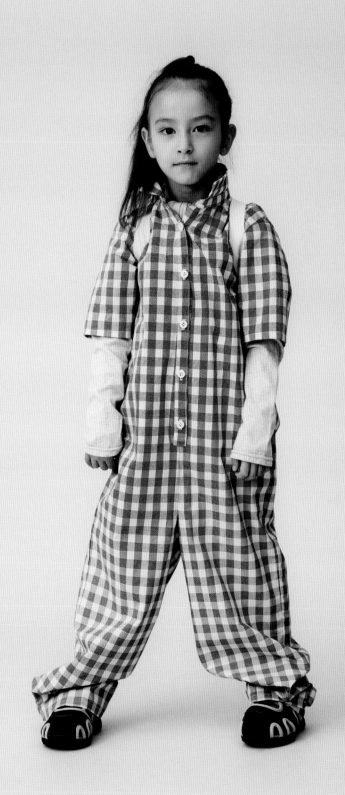

（1）>p.12, 22

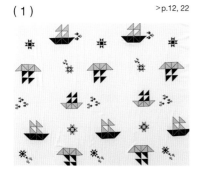

Sailing jacquard

綿100%

海のモチーフを三角と四角だけの幾何学模様で表現した柄です。大海原を船や魚がのびのびと自由に旅をしています。ジャカード織りの柔らかな素材感の2枚を重ね合わせたダブルフェイスの生地です。

（2）>p.11, 26

Forest explore print

綿100%

松ぼっくりや木の実、葉っぱなどをボタニカル画のように繊細に描いたプリント地は、森を散歩したくなるような楽しさ。張りがある生地なのでパンツやベスト、コートなどに。

（3）>p.27, 29

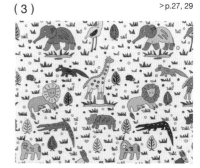

Safari embroidery print

綿100%

子どもたちが描いたようなユニークで抽象的な動物たちの柄は、先に生地に動物などの柄を刺繍をし、刺繍部分のみプリントを施したもの。独特な味わいのある生地です。

（4）>p.08, 28

Frorest quilt (Kahki)

（6）>p.08, 28

Animal quilt (Tiger)

（8）>p.24

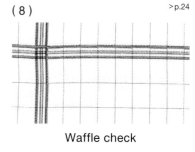

Waffle check

綿100%

キッチンクロスをイメージした生地は、ワッフル地をベースに、赤の線の刺繍が施されています。水をよく吸い、乾きが速いのでエプロンなどにおすすめです。

（5）>p.16

Frorest quilt (White)

表面は麻46%、綿27%、ナイロン27%、
裏面はポリエステル100%、中わたはポリエステル100%

アニマルピクニックシート用の生地は、動物たちが住む森をイメージした図案。座っても痛くないようにソフトな中わたが入っています。裏面は地面に広げて汚れてもいいようにポリエステル素材です。

（7）>p.16

Animal quilt (Panda)

表面は麻46%、綿27%、ナイロン27%、
裏面はポリエステル100%、中わたはポリエステル100%

パンダとトラの顔が刺繍された生地。輪郭に添って切り取って使います。左のForest quilt生地と縫い合わせるとアニマルピクニックシートが完成です。

（9）>p.09, 29

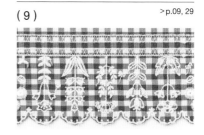

Flower garden embroidery

綿100%

ギンガムチェック地に6種類の花と虫が刺繍されています。ブラウスやワンピースの袖口やスカートの裾に花束のような刺繍テープをあしらってみては。

本書使用のオリジナル生地

この本のために作ったオリジナル生地を紹介します。どれもASEEDONCLOUDらしさにあふれた物語を感じさせる夢のある柄や刺繍です。すべて通販可能。詳細はQRコードからご覧ください。これら以外の本書で使用した生地も通販が可能です。（J3のパンツとK2の帽子の生地を除く）。

How to make

* 付録の実物大パターンは90／100／110／120cmの4サイズ、
  Ⓑプレイバッグ、Ⓒアニマルピクニックシートは1サイズです。
  下記のサイズ表と作り方ページの「出来上り寸法」を参考にしてください。着丈は、お好みで調整してください。
* 作り方解説中の数字の単位はcmです。

[実物大パターンの使い方]
* 実物大パターンは、ハトロン紙に写し取って使います。
* 他のアイテムやサイズの線が交差しているので、写し取る線をマーカーペンなどでなぞっておくと分かりやすいでしょう。布目線や合い印、ポケットなどのつけ位置も忘れずに写し取ります。
* 実物大パターンには縫い代が含まれていません。
  布を裁つときは、作り方ページの裁合せ図に表記されている縫い代をつけてください(図1)。
  カーブや傾斜がある衿ぐり、袖ぐり、袖口、裾などの角は、縫い代の布不足や余分が出ないよう、出来上りの状態に折ったりはぐパーツと合わせたりして切ります(図2、図3、図4)。
* パターンのないパーツは裁合せ図の寸法を参照し、パターンを作るか布にじかに線を引いて裁ちます。

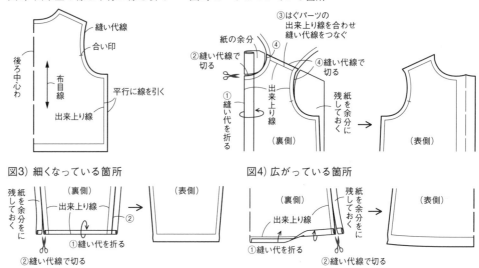

* 裁合せ図は、サイズによってパターンの配置が変わる場合もあります。
  布に必要なパターンを置き、確認してから裁ってください。
* 完成後の洗濯による縮みや形くずれを防ぐため、布は裁断前に水通しをして、布目を整えます。

サイズ表

単位：cm

サイズ（身長）	90	100	110	120
バスト	50	54	58	62
ウエスト	48	49	50	51
ヒップ	53	57	61	65

(A1) 無地　(A2) チェック柄

カーペンターオーバーオール
Carpenter Overall

[出来上り寸法]　＊左からサイズ90／100／110／120cm
ウエスト（ゴム上り）…52／56／60／64cm
ヒップ ………………82／86／90／94cm
後ろ身頃丈 …………24.5／26／27.5／29cm
パンツ脇丈 …………46.3／53.3／60.3／67.3cm

[パターン]　3面

[材料]　＊左からサイズ90／100／110／120cm
表布 ………(A1)110cm幅 150／170／190／210cm
　　　　　　(A2)110cm幅 160／180／200／220cm
　　　　　　※柄合せが必要な布は多めに用意する。
接着芯 ……90cm幅 35／35／40／40cm
ゴムテープ …2cm幅 36／39.2／42.4／45.6cm
ボタン ………直径1.3cmを2個

[準備]　＊裁合せ図も参照
・衿ぐり見返し、脇見返し、前ウエストベルトの裏に接着芯をはる。
・右前脇見返し、右後ろ脇見返しの見返し端をロックミシンで始末する。

[作り方順序]
1.　ポケットを作り、前身頃につける
　　(A2)はひざ当ても作り、前パンツにつける
2.　身頃と衿ぐり見返しの左肩、左脇見返しの肩をそれぞれ縫う
3.　衿ぐりと脇を見返しで縫い返す
4.　ウエストベルトを作り、身頃と縫う
5.　パンツの脇を縫う →p.60 J-2参照
6.　股下を縫う →p.61 J-4参照。
　　ただし、後ろパンツは上端から合い印までやや伸ばしながら縫う
7.　股上を縫う →p.61 J-5
8.　前パンツのタックをたたみ、パンツとウエストベルトを縫う
9.　後ろウエストベルトにゴムテープを通す
10. 裾を始末する
11. ボタンホールを作り、ボタンをつける

裁合せ図
上からサイズ90／100／110／120cm

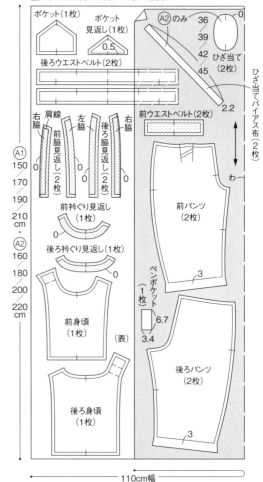

ポケット（1枚）
ポケット見返し（1枚）　0.5
(A2)のみ　36／39／42／45
ひざ当て（2枚）
後ろウエストベルト（2枚）
ひざ当てバイアス布（2枚）
2.2
右脇　肩線　左脇　後ろ　右脇
前脇見返し（2枚）
後ろ脇見返し（2枚）
前ウエストベルト（2枚）
前パンツ（2枚）
わ
(A1) 150／170／190／210cm
・
(A2) 160／180／200／220cm
前衿ぐり見返し（1枚）
後ろ衿ぐり見返し（1枚）
ペンポケット（1枚）
前身頃（1枚）（表）
6.7　3.4
後ろパンツ（2枚）
3
後ろ身頃（1枚）
3
110cm幅

＊縫い代は指定以外1cm
＊ペンポケット、(A2)のひざ当てバイアス布は図に示した寸法で裁つ
＊□□□ は接着芯をはる位置

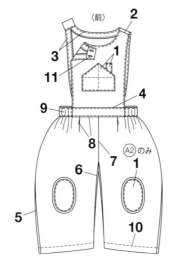

〈前〉
(A2)のみ

〈後ろ〉

1 ポケットを作り、前身頃につける。
Ⓐ2はひざ当ても作り、前パンツにつける

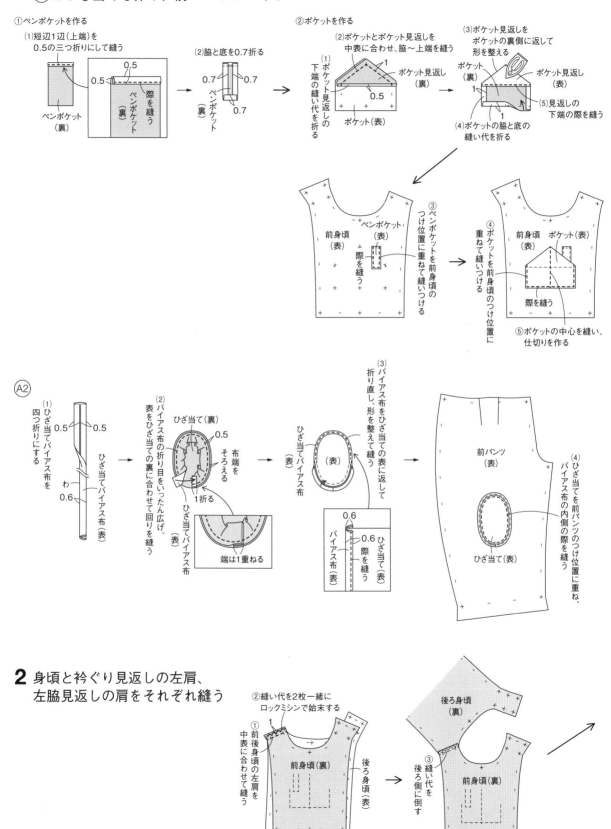

①ペンポケットを作る

(1)短辺1辺(上端)を
0.5の三つ折りにして縫う

ペンポケット(裏)

際を縫う

ペンポケット(裏)

(2)脇と底を0.7折る

0.7　0.7

0.7

ペンポケット(裏)

②ポケットを作る

(1)ポケット見返しの下端の縫い代を折る

(2)ポケットとポケット見返しを中表に合わせ、脇〜上端を縫う

ポケット見返し(裏)

0.5

ポケット(表)

(3)ポケット見返しをポケットの裏側に返して形を整える

ポケット(裏)

1

ポケット見返し(表)

(5)見返しの下端の際を縫う

(4)ポケットの脇と底の縫い代を折る

③ペンポケットを前身頃のつけ位置に重ねて縫いつける

前身頃(表)

ペンポケット(表)

際を縫う

④ポケットを前身頃のつけ位置に重ねて縫いつける

前身頃(表)　ポケット(表)

際を縫う

⑤ポケットの中心を縫い、仕切りを作る

Ⓐ2

(1)ひざ当てバイアス布を四つ折りにする

0.5　0.5

わ

0.6

ひざ当てバイアス布(表)

(2)バイアス布の折り目をいったん広げ、表をひざ当ての裏に合わせて回りを縫う

ひざ当て(裏)

0.5

布端をそろえる

1折る

ひざ当てバイアス布(表)

端は1重ねる

(3)バイアス布をひざ当ての表に返して折り直し、形を整えて縫う

ひざ当て(表)

バイアス布

0.6

0.6

バイアス布(表)

際を縫う

ひざ当て(表)

前パンツ(表)

ひざ当て(表)

(4)ひざ当てを前パンツの内側のつけ位置に重ね、バイアス布の内側の際を縫う

2 身頃と衿ぐり見返しの左肩、
左脇見返しの肩をそれぞれ縫う

②縫い代を2枚一緒にロックミシンで始末する

1

①前後身頃の左肩を中表に合わせて縫う

前身頃(裏)

後ろ身頃(表)

後ろ身頃(裏)

③縫い代を後ろ側に倒す

前身頃(裏)

35

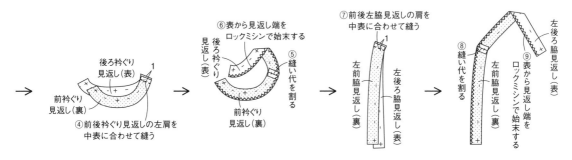

3 衿ぐりと脇を見返しで縫い返す

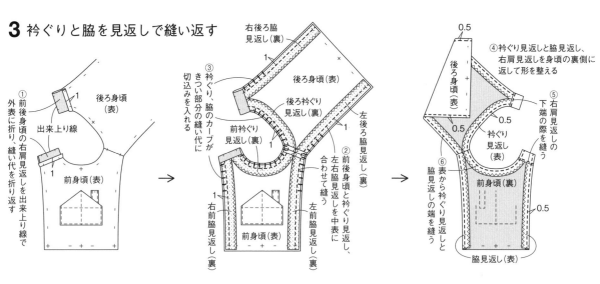

4 ウエストベルトを作り、身頃と縫う

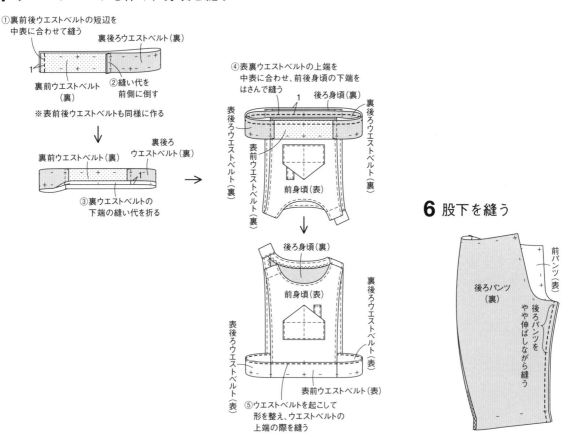

6 股下を縫う

8 前パンツのタックをたたみ、パンツとウエストベルトを縫う

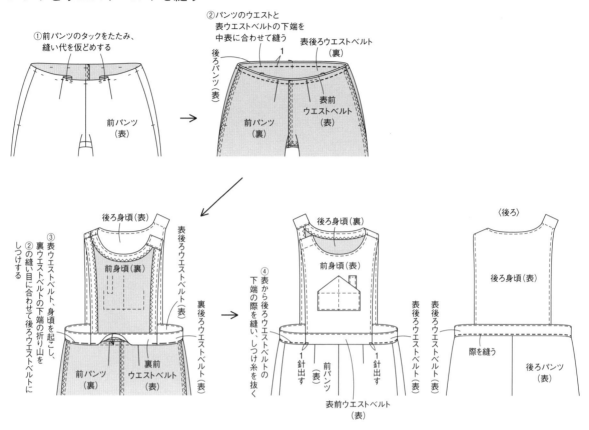

①前パンツのタックをたたみ、縫い代を仮どめする

前パンツ（表）

②パンツのウエストと表ウエストベルトの下端を中表に合わせて縫う

後ろパンツ（表）
表後ろウエストベルト（裏）
前パンツ（裏）
表前ウエストベルト（表）

③表後ろウエストベルト、身頃を起こし、裏ウエストベルトの下端の折り山を②の縫い目に合わせて後ろウエストベルトにしつけする

後ろ身頃（表）
前身頃（裏）
表後ろウエストベルト（表）
前パンツ（裏）
裏前ウエストベルト（表）
裏後ろウエストベルト（表）

④表から後ろウエストベルトの下端の際を縫い、しつけ糸を抜く

後ろ身頃（裏）
前身頃（表）
針出す
前パンツ（表）
表前ウエストベルト（表）
裏後ろウエストベルト（表）
表後ろウエストベルト（表）

〈後ろ〉
後ろ身頃（表）
際を縫う
後ろパンツ（表）

9 後ろウエストベルトにゴムテープを通す

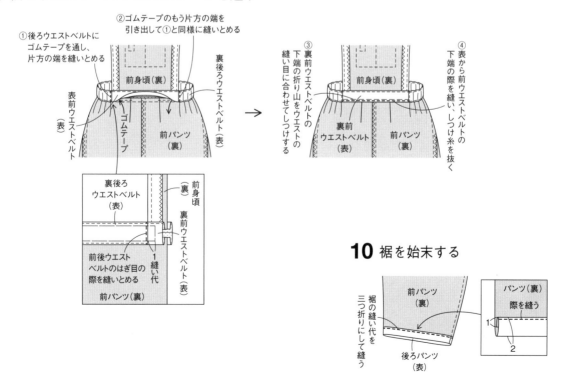

①後ろウエストベルトにゴムテープを通し、片方の端を縫いとめる

②ゴムテープのもう片方の端を引き出して①と同様に縫いとめる

表前ウエストベルト（表）
ゴムテープ
後ろ身頃（裏）
前パンツ（裏）
裏後ろウエストベルト（表）

③裏前ウエストベルトの下端の折り山をウエストの縫い目に合わせてしつけする

④表から前ウエストベルトの下端の際を縫い、しつけ糸を抜く

前身頃（裏）
裏前ウエストベルト（表）
前パンツ（裏）

裏後ろウエストベルト（裏）
前身頃（裏）
前後ウエストベルトのはぎ目の際を縫いとめる
裏前ウエストベルト（表）
縫い代
前パンツ（裏）

10 裾を始末する

裾の縫い代を三つ折りにして縫う

前パンツ（裏）
後ろパンツ（表）

パンツ（裏）
際を縫う

37

>p.06, 15　　>p.30

B1 B2

メッシュ地　コットン地

プレイバッグ
Play Bag

[出来上り寸法]
高さ ……… 21.5cm
バッグ口幅 ‥25cm
底 ………… 直径16cm

[パターン] 2面

[材料]
表布 ………………… 112cm幅 40cm
B2 接着芯 ……………… 55×10cm
綿テープ ……………… 下側2.5cm幅 75cm、上側2.5cm幅 77.5cm
四つ折りバイアステープ …0.6cm幅 104cm

[準備] ＊裁合せ図も参照
・バイアステープは脇用24cmを2本、底用56cmに切り分ける。
・B2 は見返しの裏に接着芯をはる。

[作り方順序]
1. 下側テープと上側テープを前袋布につける
2. ループを作り、後ろ袋布に仮どめする
3. 前後袋布の脇を縫う
4. 見返しを作り、袋布の上端を見返しで縫い返す
5. 前袋布のテープ縫いを仕上げ、テープをループに通して後ろ袋布につける
6. 袋布と底を縫う

裁合せ図

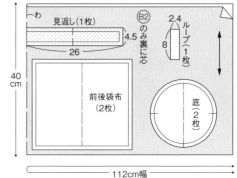

＊縫い代は指定以外1cm
＊ループ、見返しは図に示した寸法で裁つ
＊□□ は B2 の接着芯をはる位置

〈前〉

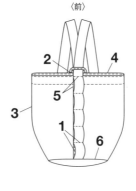

〈後ろと底〉

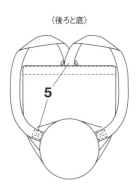

1 下側テープと上側テープを前袋布につける

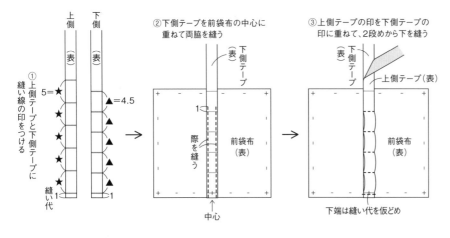

2 ループを作り、後ろ袋布に仮どめする

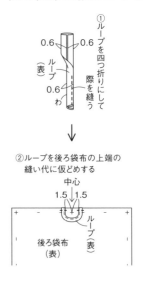

3 前後袋布の脇を縫う

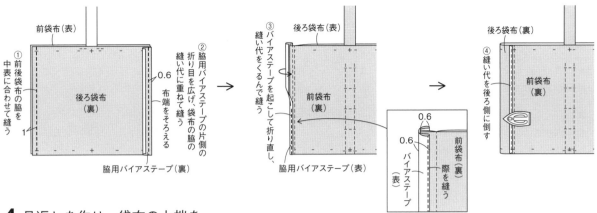

4 見返しを作り、袋布の上端を
見返しで縫い返す

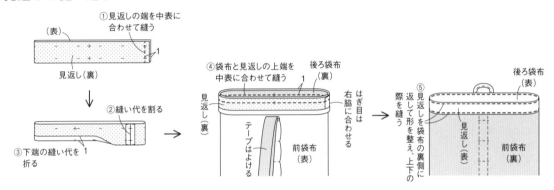

5 前袋布のテープ縫いを仕上げ、
テープをループに通して後ろ袋布につける

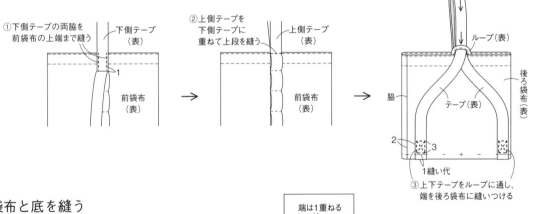

6 袋布と底を縫う

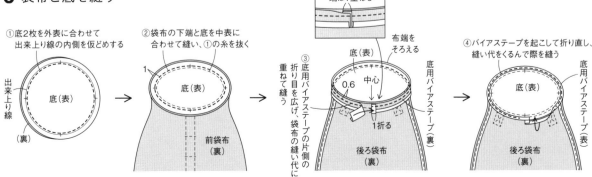

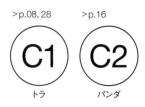

>p.08、28　　>p.16

C1（トラ）　C2（パンダ）

アニマルピクニックシート（トラ、パンダ）
Animal Picnic Sheet（Tiger、Panda）

［出来上り寸法］
本体 …90×75cm
袋布 …C1 24×25cm
　　　C2 27×24cm

［パターン］2面

［材料］
袋布、本体 ………………… キルティング布 110cm幅 110cm
顔袋布、耳 ………………… 刺繍キルティング布 40×40cm
四つ折りバイアステープ … 土台用0.8cm幅 C1 72cm、C2 70cm、
　　　　　　　　　　　　　 本体用0.8cm幅 325cm
丸ゴム ……………………… 8cm
ボタン ……………………… 直径1.3cmを1個

［作り方順序］
1. 顔袋布に耳をつけて、袋布に仮どめする
2. 袋布の脇〜上部の布端をバイアステープでくるむ
3. 本体に丸ゴムと袋布を仮どめする
4. 本体の布端をバイアステープでくるむ
5. ボタンをつける

裁合せ図
袋布、本体

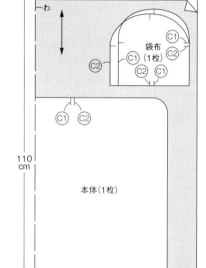

＊縫い代は指定以外0cm

C1 顔袋布、耳

C2 顔袋布、耳

刺繍の輪郭より0.2外側を切る

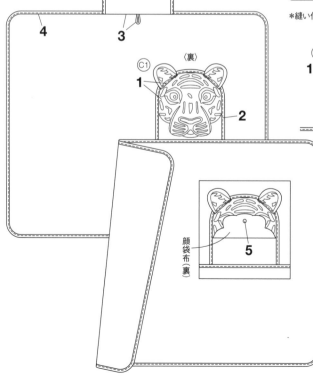

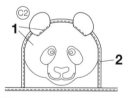

＊図は合い印や縫い目がわかりやすいように、顔や耳の模様を省いています

1 顔袋布に耳をつけて、袋布に仮どめする

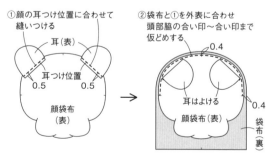

①顔の耳つけ位置に合わせて縫いつける

耳（表）
耳つけ位置
0.5　0.5
顔袋布（表）

②袋布と①を外表に合わせ頭部脇の合い印〜合い印まで仮どめする

0.4
耳はよける
顔袋布（表）
袋布（裏）
0.4

2 袋布の脇〜上部の布端を バイアステープでくるむ

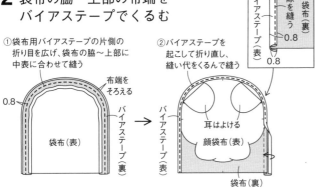

①袋布用バイアステープの片側の 折り目を広げ、袋布の脇〜上部に 中表に合わせて縫う

布端を
そろえる

0.8

袋布(表)

バイアステープ(裏)

②バイアステープを 起こして折り直し、 縫い代をくるんで縫う

耳はよける

顔袋布(表)

袋布(裏)

バイアステープ(表)

バイアステープ(表)

際を縫う 0.8

袋布(裏)

0.8

3 本体に丸ゴムと袋布を仮どめする

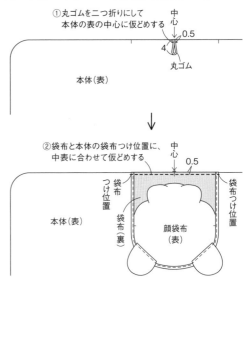

①丸ゴムを二つ折りにして 本体の表の中心に仮どめする

中心 0.5

4

丸ゴム

本体(表)

②袋布と本体の袋布つけ位置に、 中表に合わせて仮どめする

中心 0.5

本体(表)

袋布 つけ位置

袋布(裏)

顔袋布(表)

袋布つけ位置

4 本体の布端をバイアステープでくるむ

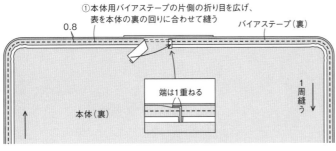

①本体用バイアステープの片側の折り目を広げ、 表を本体の裏の回りに合わせて縫う

0.8

バイアステープ(裏)

端は1重ねる

本体(裏)

1周縫う

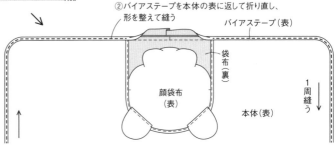

②バイアステープを本体の表に返して折り直し、 形を整えて縫う

バイアステープ(表)

袋布(裏)

顔袋布(表)

本体(表)

1周縫う

～顔袋布、耳を別布で作る場合～
[パターン] 2面

[材料]
袋布、本体 …………キルティング布 110cm幅 110cm
顔袋布、耳 …………薄手コットン地 110cm幅 30cm
薄手キルト芯 …………60×30cm
アップリケ布や刺繍糸 …好みで適宜
四つ折りバイアステープ …土台用0.8cm幅 C1 72cm、C2 70cm、
　　　　　　　　　　　　本体用0.8cm幅 325cm
丸ゴム …………………8cm
ボタン …………………直径1.3cmを1個

[作り方順序]
1. 表顔袋布、C1は表に模様のアップリケや刺繍をする
2. 顔袋布と耳それぞれにキルト芯を重ねて、布端を始末する
3. p.40〜41 1〜5と同様に作る

裁合せ図

顔袋布、耳

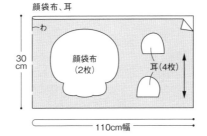

わ

顔袋布
(2枚)

耳(4枚)

30cm

110cm幅

2 顔袋布と耳それぞれに キルト芯を重ねて、布端を始末する

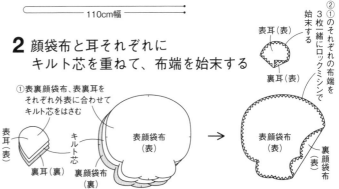

①表裏顔袋布、表裏耳を それぞれ外表に合わせて キルト芯をはさむ

表耳(表)

キルト芯

表顔袋布(表)

裏耳(裏)

裏顔袋布(裏)

②①のそれぞれの布端を 3枚一緒にロックミシンで 始末する

表耳(表)

裏耳(表)

表顔袋布(表)

裏顔袋布(表)

>p.09, 28　　>p.20

D1 D2

D1 裾刺繍テープ
D2 裾共布

フローリストドレス
Florist Dress

[出来上り寸法] ＊左からサイズ90／100／110／120cm
ウエスト …63／67／71／75cm
ヒップ ……112／116／120／124cm
着丈 ……58／63.5／69／74.5cm

[パターン] 4面

[材料] ＊左からサイズ90／100／110／120cm
表布 ………D1 112cm幅 150／160／170／180cm
　　　　　　D2 110cm幅 160／170／180／190cm
D1 裾布 ……8cm幅の刺繍テープ 113／117／121／125cm
接着芯 ……40×70／75／80／85cm
ボタン ……直径1.3cmを1個

[準備] ＊裁合せ図も参照
・脇見返し、ウエストベルトの裏に接着芯をはる。
・後ろスカートの後ろ中心のあき止り～裾の縫い代端をロックミシンで始末する。

[作り方順序]
1. 前身頃にボタンホールを作り、後ろ身頃の後ろ端を始末する
2. 前後身頃と前後脇見返しの肩をそれぞれ縫う
3. 身頃の脇を見返しで縫い返す
4. 衿ぐり縁とり布で衿ぐりをくるみ、ひももも作る
5. 身頃とウエストベルトを縫う
6. スカートの後ろ中心と脇を縫う
7. 裾布を作り、スカートの下端につける
8. スカートのタックをたたみ、仮どめする
9. ポケットを作り、スカートに仮どめする
10. ウエストベルトとスカートを縫う
11. ウエストベルトにボタンホールを作り、ボタンをつける

裁合せ図

D1 上からサイズ90／100／110／120cm

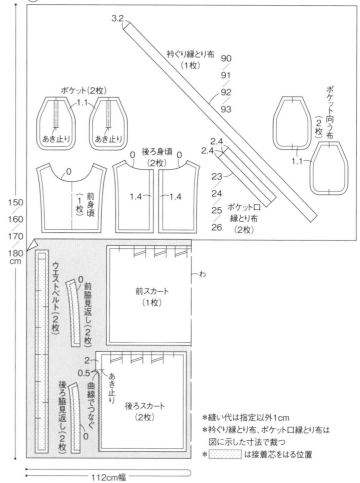

＊縫い代は指定以外1cm
＊衿ぐり縁とり布、ポケット口縁とり布は図に示した寸法で裁つ
＊［点々］は接着芯をはる位置

1 前身頃にボタンホールを作り、後ろ身頃の後ろ端を始末する

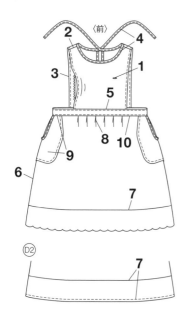

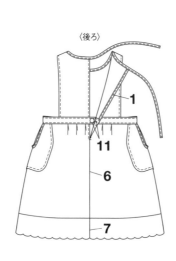

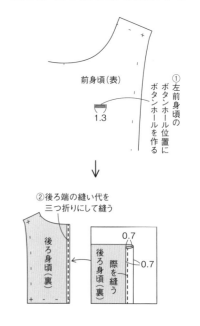

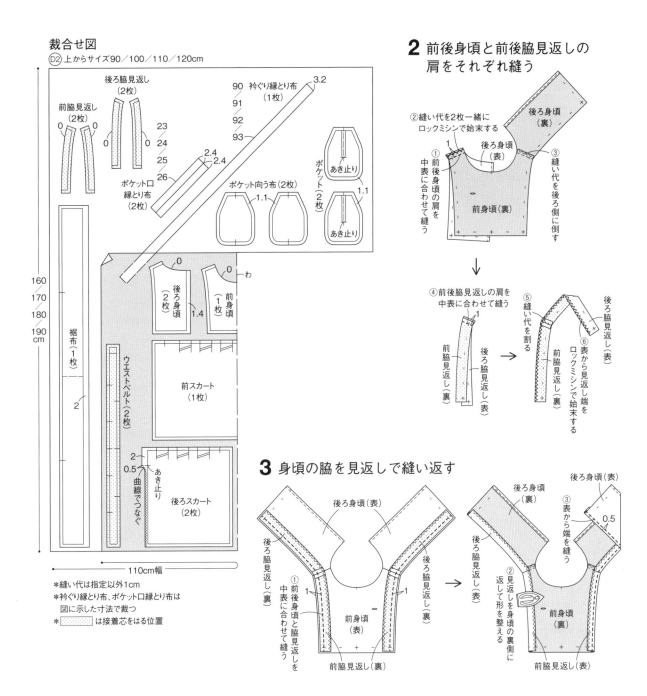

裁合せ図

D2 上からサイズ90／100／110／120cm

前脇見返し（2枚）

後ろ脇見返し（2枚）

衿ぐり縁とり布（1枚）
90
91
92
93
3.2

2.4
2.4
26
25
24
23

ポケット口縁とり布（2枚）

ポケット向う布（2枚）
1.1

ポケット（2枚）
あき止り
1.1
あき止り

160
170
180
190
cm

裾布（1枚）

2

ウエストベルト（2枚）

後ろ身頃（2枚）
0
1.4

前身頃（1枚）
0
わ

前スカート（1枚）

2
0.5
あき止り
曲線でつなぐ

後ろスカート（2枚）

110cm幅

＊縫い代は指定以外1cm
＊衿ぐり縁とり布、ポケット口縁とり布は
　図に示した寸法で裁つ
＊▨は接着芯をはる位置

2 前後身頃と前後脇見返しの肩をそれぞれ縫う

②縫い代を2枚一緒に
ロックミシンで始末する

①前後身頃の肩を
中表に合わせて縫う

後ろ身頃（裏）
後ろ身頃（表）
③縫い代を後ろ側に倒す
前身頃（裏）
1

④前後脇見返しの肩を
中表に合わせて縫う
⑤縫い代を割る
⑥表から見返し端を
ロックミシンで始末する

前脇見返し（裏）
後ろ脇見返し（表）
前脇見返し（裏）
後ろ脇見返し（表）
1

3 身頃の脇を見返しで縫い返す

後ろ身頃（表）
後ろ脇見返し（裏）
後ろ脇見返し（表）
①前後身頃と脇見返しを
中表に合わせて縫う
前身頃（表）
前脇見返し（裏）
1
1

後ろ身頃（表）
後ろ身頃（裏）
③表から端を縫う
0.5
②見返しを身頃の裏側に
返して形を整える
前身頃（裏）
前脇見返し（表）

4 衿ぐり縁とり布で衿ぐりをくるみ、ひもも作る

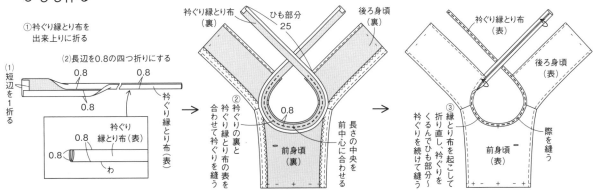

①衿ぐり縁とり布を
出来上りに折る

(2)長辺を0.8の四つ折りにする
0.8
0.8
0.8

(1)短辺を1折る

衿ぐり縁とり布（表）

衿ぐり縁とり布（表）
0.8
0.8
わ

衿ぐり縁とり布（裏）
ひも部分25
後ろ身頃（裏）

②衿ぐりの裏と衿ぐり縁とり布の表を合わせて衿ぐりを縫う
長さの中央を前中心に合わせる
0.8
前身頃（裏）

衿ぐり縁とり布（表）
後ろ身頃（表）

③縁とり布を起こして折り直し、衿ぐりをくるんでひも部分～衿ぐりを続けて縫う
際を縫う
前身頃（表）

5 身頃とウエストベルトを縫う

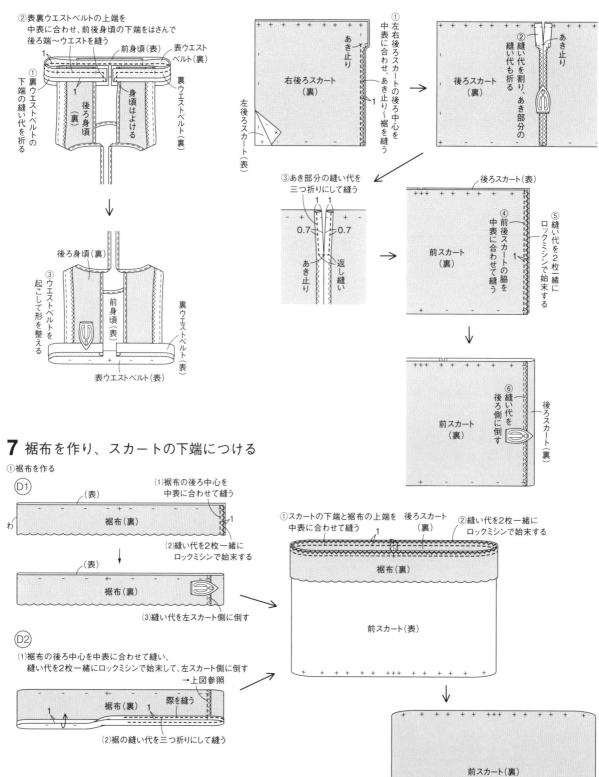

② 表裏ウエストベルトの上端を
中表に合わせ、前後身頃の下端をはさんで
後ろ端～ウエストを縫う

前身頃（表）　表ウエストベルト（裏）

① 裏ウエストベルトの下端の縫い代を折る

後ろ身頃（裏）　身頃はよける　身頃（裏）　裏ウエストベルト（裏）

後ろ身頃（裏）

③ ウエストベルトを起こして形を整える

前身頃（表）

裏ウエストベルト（表）

表ウエストベルト（表）

6 スカートの後ろ中心と脇を縫う

① 左右後ろスカートの後ろ中心を
中表に合わせ、あき止り～裾を縫う

右後ろスカート（裏）　あき止り

左後ろスカート（表）

② 縫い代を割り、あき部分の縫い代も折る

あき止り

後ろスカート（裏）

③ あき部分の縫い代を三つ折りにして縫う

0.7　0.7

あき止り　返し縫い

④ 前後スカートの脇を中表に合わせて縫う

後ろスカート（表）

⑤ 縫い代を2枚一緒にロックミシンで始末する

前スカート（裏）

⑥ 縫い代を後ろ側に倒す

前スカート（裏）　後ろスカート（裏）

7 裾布を作り、スカートの下端につける

① 裾布を作る

D1

わ　（表）　裾布（裏）

(1) 裾布の後ろ中心を中表に合わせて縫う

(2) 縫い代を2枚一緒にロックミシンで始末する

（表）　裾布（裏）

(3) 縫い代を左スカート側に倒す

D2

(1) 裾布の後ろ中心を中表に合わせて縫い、
縫い代を2枚一緒にロックミシンで始末して、左スカート側に倒す
→上図参照

裾布（裏）　際を縫う

(2) 裾の縫い代を三つ折りにして縫う

① スカートの下端と裾布の上端を
中表に合わせて縫う　後ろスカート（裏）

② 縫い代を2枚一緒にロックミシンで始末する

裾布（裏）

前スカート（表）

前スカート（裏）

③ スカートを起こして、縫い代を上側に倒す

裾布（裏）

8 スカートのタックをたたみ、仮どめする

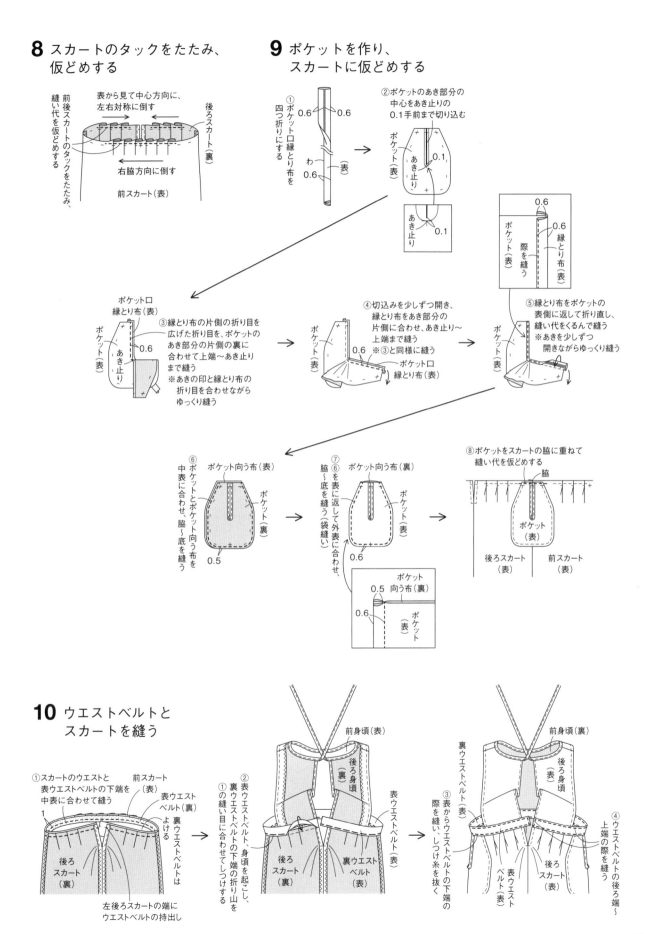

表から見て中心方向に、左右対称に倒す

前後スカートのタックをたたみ、縫い代を仮どめする

後ろスカート（裏）

右脇方向に倒す

前スカート（表）

9 ポケットを作り、スカートに仮どめする

①ポケット口縁とり布を四つ折りにする

0.6
0.6
わ
（表）
0.6

②ポケットのあき部分の中心をあき止りの0.1手前まで切り込む

ポケット（表）
あき止り
0.1

あき止り
0.1

0.6
0.6
ポケット（表）
縁とり布（表）
際を縫う

③縁とり布の片側の折り目を広げた折り目を、ポケットのあき部分の片側の裏に合わせて上端～あき止りまで縫う
※あきの印と縁とり布の折り目を合わせながらゆっくり縫う

ポケット口縁とり布（表）
ポケット（表）
あき止り
0.6

④切込みを少しずつ開き、縁とり布をあき部分の片側に合わせ、あき止り～上端まで縫う
※③と同様に縫う

ポケット（表）
0.6
ポケット口縁とり布（表）

⑤縁とり布をポケットの表側に返して折り直し、縫い代をくるんで縫う
※あきを少しずつ開きながらゆっくり縫う

ポケット（表）

⑥ポケットとポケット向う布を中表に合わせ、脇～底を縫う

ポケット向う布（表）
ポケット（裏）
0.5

⑦⑥を表に返して外表に合わせ、脇～底を縫う（袋縫い）

ポケット向う布（裏）
ポケット（表）
0.6

ポケット向う布（裏）
0.5
0.6
ポケット（表）

⑧ポケットをスカートの脇に重ねて縫い代を仮どめする

脇
ポケット（表）
後ろスカート（表）
前スカート（表）

10 ウエストベルトとスカートを縫う

①スカートのウエストと表ウエストベルトの下端を中表に合わせて縫う

前スカート（表）
表ウエストベルト（裏）
1
裏ウエストベルトはよける
後ろスカート（裏）
裏ウエストベルト
左後ろスカートの端にウエストベルトの持出し

②表ウエストベルト、身頃を起こし、裏ウエストベルトの下端の折り山を①の縫い目に合わせてしつけする

前身頃（表）
後ろ身頃（裏）
表ウエストベルト（表）
後ろスカート（裏）
裏ウエストベルト（表）

③表からウエストベルトの際を縫い、しつけ糸を抜く

前身頃（裏）
裏ウエストベルト（表）
後ろ身頃（表）
後ろスカート（裏）
表ウエストベルト（表）

④ウエストベルトの後ろ端～上端の際を縫う

>p.09, 28   >p.17

E1 / E2

E1 袖口刺繡テープ

E2 袖口共布

フローリストブラウス
Florist Blouse

[出来上り寸法] ＊左からサイズ90／100／110／120cm
バスト …91.2／95.2／99.2／103.2cm
着丈 ……38／41／44／47cm
袖丈 ……23.5／25.7／27.9／30.1cm

[パターン] 1面

[材料] ＊左からサイズ90／100／110／120cm
表布 ………E1 112cm幅 110／120／130／140cm
　　　　　　E2 110cm幅 110／120／130／140cm
E1 袖口布 …8cm幅の刺繡テープ 54／57／59／62cm
接着芯 ……90cm幅 10cm
ゴムテープ …0.8cm幅 16／18／20／22cmを2本
ボタン ………直径1.15cmを5個

[準備] ＊裁合せ図も参照
・衿の裏に接着芯をはる。
・E1 は刺繡テープを2等分に切る。

[作り方順序]
1. 前後身頃のヨーク切替え線にギャザーを寄せる
2. 身頃とヨークを縫う
3. 袖をつける →p.79 P-5参照
4. 袖下〜脇を縫う →p.79 P-6⑥〜⑧参照
5. 袖口布とゴムテープ通し布を作り、袖口につけてゴムテープを通す
6. 前端と裾を始末する
7. 衿を作り、つける
8. ボタンホールを作り、ボタンをつける

裁合せ図
上からサイズ90／100／110／120cm

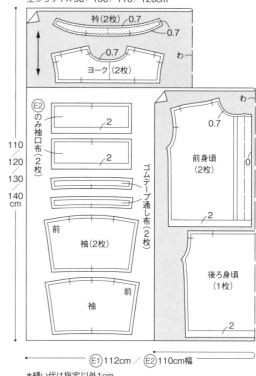

＊縫い代は指定以外1cm
＊ は接着芯をはる位置

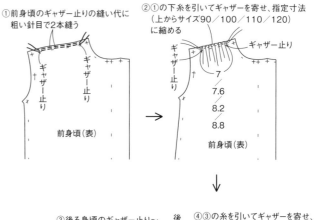

1 前後身頃のヨーク切替え線にギャザーを寄せる

①前身頃のギャザー止りの縫い代に
粗い針目で2本縫う

②①の下糸を引いてギャザーを寄せ、指定寸法
（上からサイズ90／100／110／120）
に縮める

7
7.6
8.2
8.8

前身頃（表）

③後ろ身頃のギャザー止り〜
ギャザー止りの縫い代に
粗い針目で2本縫う

④③の糸を引いてギャザーを寄せ、
指定寸法（上からサイズ
90／100／110／120）に縮める

9
9.4
9.8
10.2

後ろ身頃（表）

2 身頃とヨークを縫う

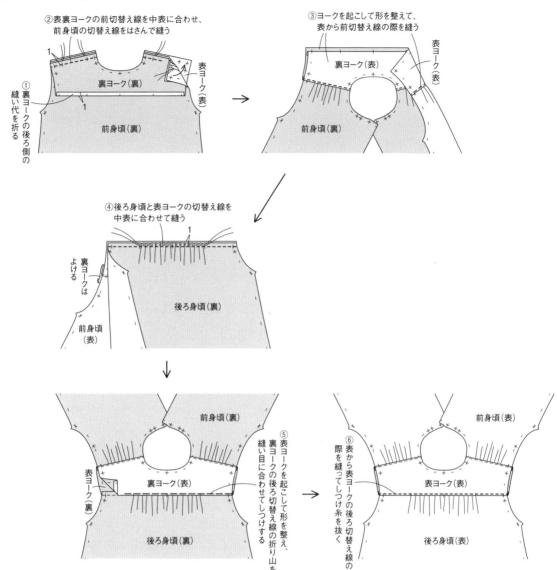

②表裏ヨークの前切替え線を中表に合わせ、
前身頃の切替え線をはさんで縫う

①裏ヨークの後ろ側の縫い代を折る

1

裏ヨーク(裏)

前身頃(裏)

表ヨーク(表)

1

③ヨークを起こして形を整えて、
表から前切替え線の際を縫う

裏ヨーク(表)

表ヨーク(表)

前身頃(裏)

④後ろ身頃と表ヨークの切替え線を
中表に合わせて縫う

裏ヨークはよける

前身頃(表)

後ろ身頃(裏)

⑤表ヨークを起こして形を整え、裏ヨークの後ろ切替え線の折り山を縫い目に合わせてしつけする

前身頃(裏)

表ヨーク(裏)

裏ヨーク(表)

後ろ身頃(裏)

⑥表から表ヨークの後ろ切替え線の際を縫ってしつけ糸を抜く

前身頃(表)

表ヨーク(表)

後ろ身頃(表)

5 袖口布とゴムテープ通し布を作り、袖口につけてゴムテープを通す

①袖口布を作る

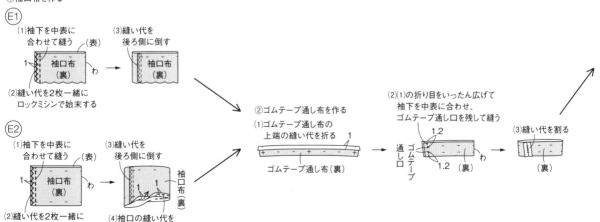

E1

(1)袖下を中表に合わせて縫う

(3)縫い代を後ろ側に倒す

1

袖口布(裏)

(表)

袖口布(裏)

(2)縫い代を2枚一緒にロックミシンで始末する

E2

(1)袖下を中表に合わせて縫う

(3)縫い代を後ろ側に倒す

1

袖口布(裏)

わ

(表)

1

袖口布(裏)

(2)縫い代を2枚一緒にロックミシンで始末する

(4)袖口の縫い代を三つ折りにして際を縫う

②ゴムテープ通し布を作る

(1)ゴムテープ通し布の上端の縫い代を折る

1

ゴムテープ通し布(裏)

(2)(1)の折り目をいったん広げて袖下を中表に合わせ、ゴムテープ通し口を残して縫う

1.2

1.2

ゴムテープ通し口

(裏)

わ

(3)縫い代を割る

(裏)

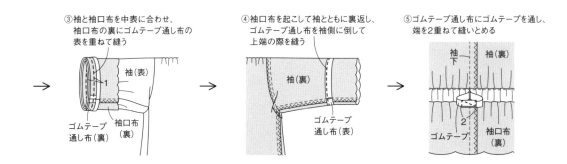

③袖と袖口布を中表に合わせ、袖口布の裏にゴムテープ通し布の表を重ねて縫う

袖(表)
1
ゴムテープ通し布(裏)
袖口布(裏)

④袖口布を起こして袖とともに裏返し、ゴムテープ通し布を袖側に倒して上端の際を縫う

袖(裏)
ゴムテープ通し布(表)

⑤ゴムテープ通し布にゴムテープを通し、端を2重ねて縫いとめる

袖下　袖(裏)
2
ゴムテープ　袖口布(裏)

6 前端と裾を始末する

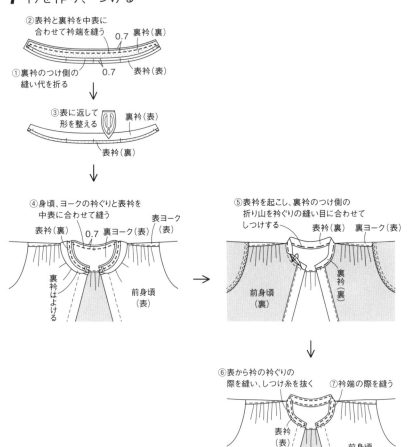

前身頃(表)
5
前端
2.5

前身頃の縫い代を前端で身頃の表側に折り、半幅2.5を折り返して裾を縫う

①前端の縫い代を前端で身頃の裏側に折り

前身頃(表)
前端
1
1
②縫い代の角を切る

③前端の縫い代を身頃の裏側に返し、形を整える

前身頃(裏)
⑤前端の縫い代の際を縫う
前端
前端まで縫う
④裾の縫い代を三つ折りにして縫う

身頃(裏)
際を縫う
1
1

7 衿を作り、つける

②表衿と裏衿を中表に合わせて衿端を縫う
裏衿(裏)
0.7
0.7
表衿(表)
①裏衿のつけ側の縫い代を折る

③表に返して形を整える
裏衿(表)
表衿(裏)

④身頃、ヨークの衿ぐりと表衿を中表に合わせて縫う
表衿(裏)　0.7　裏ヨーク(表)　表ヨーク(表)
裏衿(裏)
前身頃(表)
裏衿はよける

⑤表衿を起こし、裏衿のつけ側の折り山を衿ぐりの縫い目に合わせてしつけする
表衿(裏)　裏ヨーク(裏)
前身頃(裏)
裏衿(裏)

⑥表から衿の衿ぐりの際を縫い、しつけ糸を抜く　⑦衿端の際を縫う
表衿(表)
前身頃(表)

8 ボタンホールを作り、ボタンをつける

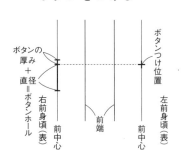

ボタンの厚み＋直径＝ボタンホール
ボタンつけ位置
右前身頃(表)
前中心
前端
前中心
左前身頃(表)
前

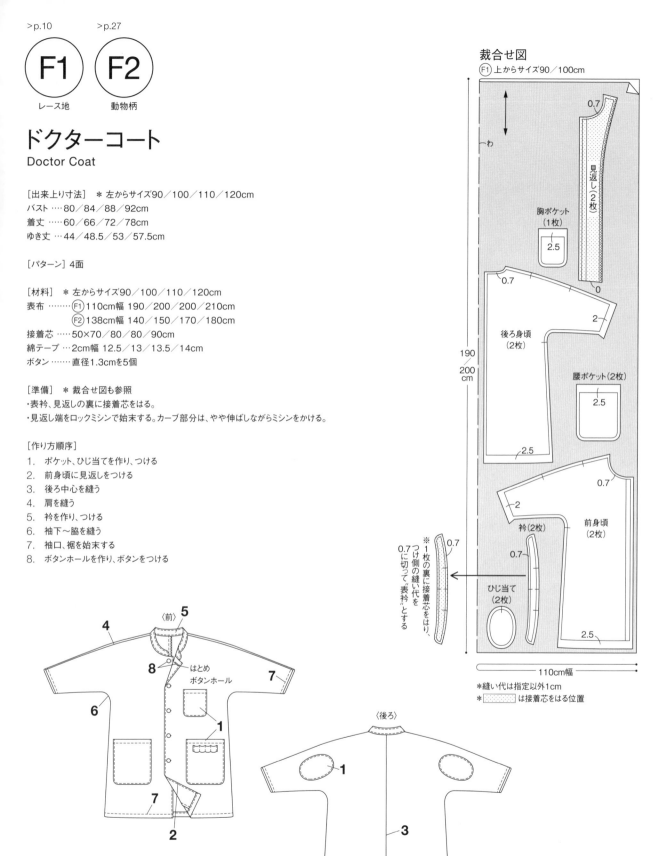

F1　F2

レース地　動物柄

ドクターコート
Doctor Coat

[出来上り寸法]　＊左からサイズ90／100／110／120cm
バスト ····80／84／88／92cm
着丈 ·····60／66／72／78cm
ゆき丈 ···44／48.5／53／57.5cm

[パターン] 4面

[材料]　＊左からサイズ90／100／110／120cm
表布 ········ F1 110cm幅 190／200／200／210cm
　　　　　　 F2 138cm幅 140／150／170／180cm
接着芯 ·····50×70／80／80／90cm
綿テープ ···2cm幅 12.5／13／13.5／14cm
ボタン ·······直径1.3cmを5個

[準備]　＊裁合せ図も参照
・表衿、見返しの裏に接着芯をはる。
・見返し端をロックミシンで始末する。カーブ部分は、やや伸ばしながらミシンをかける。

[作り方順序]
1.　ポケット、ひじ当てを作り、つける
2.　前身頃に見返しをつける
3.　後ろ中心を縫う
4.　肩を縫う
5.　衿を作り、つける
6.　袖下～脇を縫う
7.　袖口、裾を始末する
8.　ボタンホールを作り、ボタンをつける

裁合せ図
F1 上からサイズ90／100cm

わ

0.7

見返し（2枚）

胸ポケット（1枚）　2.5

0.7

後ろ身頃（2枚）　0.7　2

腰ポケット（2枚）　2.5

2.5

190
200
cm

※1枚の裏に接着芯をはり、つけ側の縫い代を0.7に切って"表衿"とする

0.7　0.7

衿（2枚）　0.7

ひじ当て（2枚）

前身頃（2枚）　0.7　2

2.5

110cm幅

＊縫い代は指定以外1cm
＊ ▨ は接着芯をはる位置

〈前〉
4　5
8　はとめ
ボタンホール
6　7
1
7　2

〈後ろ〉
1
3

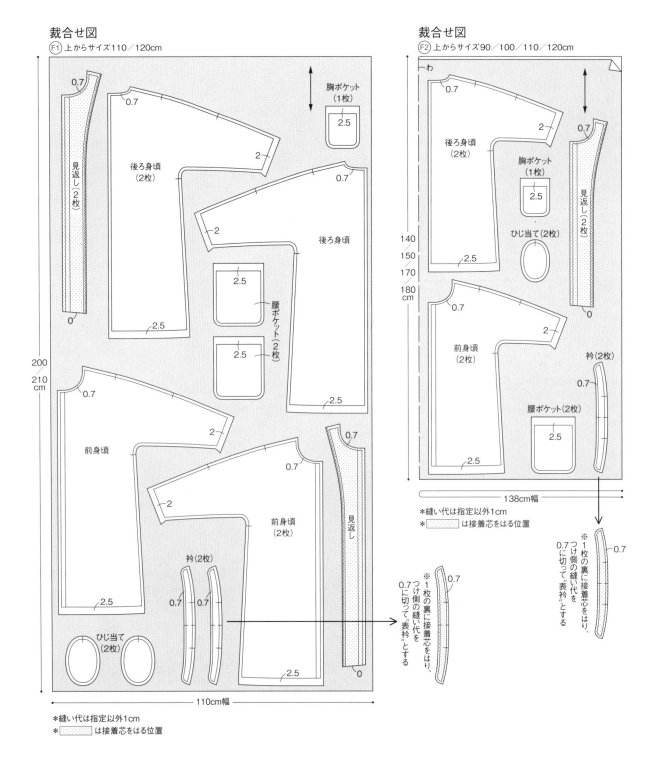

裁合せ図

(F1) 上からサイズ110／120cm

見返し（2枚） 0.7 / 0

後ろ身頃（2枚） 0.7

後ろ身頃 2

胸ポケット（1枚） 2.5

2

0.7

2

腰ポケット（2枚） 2.5 / 2.5

前身頃 0.7

2

前身頃（2枚） 2

0.7 0.7

見返し 0.7 / 0

2.5

2.5

衿（2枚） 0.7 0.7

ひじ当て（2枚）

2.5

※1枚の裏に接着芯をはり、つけ側の縫い代を0.7に切って"表衿"とする

200／210cm

110cm幅

＊縫い代は指定以外1cm
＊[接着芯をはる位置]は接着芯をはる位置

裁合せ図

(F2) 上からサイズ90／100／110／120cm

わ

後ろ身頃（2枚） 0.7

2

0.7 / 0

胸ポケット（1枚） 2.5

ひじ当て（2枚）

見返し（2枚）

2.5

前身頃（2枚） 0.7

2

衿（2枚） 0.7

腰ポケット（2枚） 2.5

2.5

140／150／170／180cm

138cm幅

※1枚の裏に接着芯をはり、つけ側の縫い代を0.7に切って"表衿"とする

0.7

＊縫い代は指定以外1cm
＊[接着芯をはる位置]は接着芯をはる位置

1 ポケット、ひじ当てを作り、つける

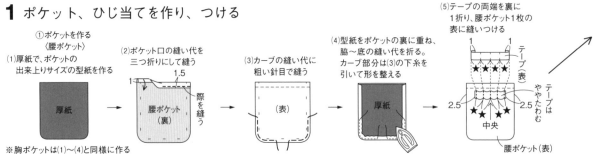

①ポケットを作る
〈腰ポケット〉
(1)厚紙で、ポケットの出来上りサイズの型紙を作る

厚紙

(2)ポケット口の縫い代を三つ折りにして縫う

1 / 1.5
腰ポケット（裏）
際を縫う

(3)カーブの縫い代に粗い針目で縫う

（表）

(4)型紙をポケットの裏に重ね、脇〜底の縫い代を折る。カーブ部分は(3)の下糸を引いて形を整える

厚紙

(5)テープの両端を裏に1折り、腰ポケット1枚の表に縫いつける

1 / 1
テープ（表）
2.5 / 2.5
中央
腰ポケット（表）
テープはややたわむ

※胸ポケットは(1)〜(4)と同様に作る

②腰ポケット、胸ポケットを前身頃の
つけ位置に縫いつける

③ひじ当てを作る

(1)厚紙で、ひじ当ての
出来上りサイズの
型紙を作る

(2)ひじ当ての回りの
縫い代に粗い針目で
ミシンをかける

(3)型紙をひじ当ての裏に重ね、
(2)の下糸を引きながら
縫い代を折って形を整える

④ひじ当てを後ろ身頃の
つけ位置に縫いつける

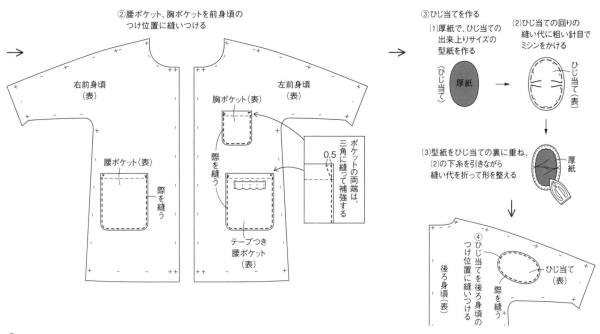

右前身頃（表）
左前身頃（表）
胸ポケット（表）
腰ポケット（表）
際を縫う
際を縫う
テープつき腰ポケット（表）
0.5
ポケットの両端は、三角に縫って補強する
〈ひじ当て〉 厚紙
ひじ当て（表）
厚紙
後ろ身頃（表）
ひじ当て（表）
際を縫う

2 前身頃に見返しをつける

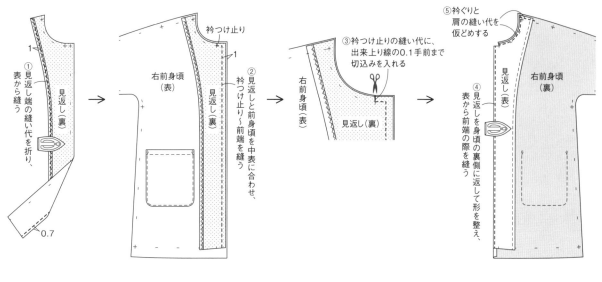

①見返し端の縫い代を折り、表から縫う
1
0.7
見返し（裏）

衿つけ止り
1
右前身頃（表）
見返し（裏）
②見返しと前身頃を中表に合わせ、衿つけ止り～前端を縫う

③衿つけ止りの縫い代に、出来上り線の0.1手前まで切込みを入れる
右前身頃（表）
見返し（裏）

⑤衿ぐりと肩の縫い代を仮どめする
見返し（表）
右前身頃（裏）
④見返しを身頃の裏側に返して形を整え、表から前端の際を縫う

3 後ろ中心を縫う

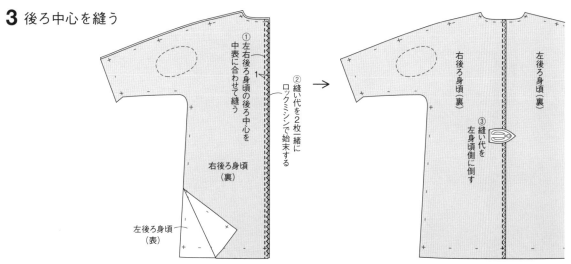

①左右後ろ身頃の後ろ中心を中表に合わせて縫う
1
②縫い代を2枚一緒にロックミシンで始末する
右後ろ身頃（裏）
左後ろ身頃（表）

右後ろ身頃（裏）
左後ろ身頃（裏）
③縫い代を左身頃側に倒す

4 肩を縫う

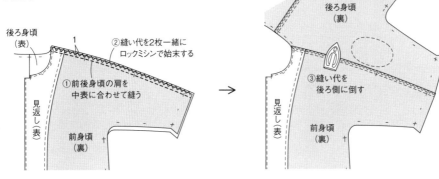

後ろ身頃（表）

1

②縫い代を2枚一緒に
ロックミシンで始末する

①前後身頃の肩を
中表に合わせて縫う

見返し（表）

前身頃（裏）

→

後ろ身頃（裏）

③縫い代を
後ろ側に倒す

見返し（表）

前身頃（裏）

5 衿を作り、つける

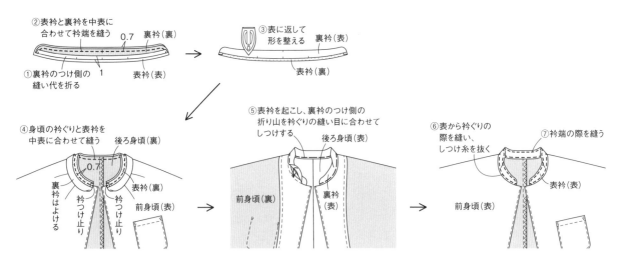

②表衿と裏衿を中表に
合わせて衿端を縫う

裏衿（裏）

0.7

①裏衿のつけ側の
縫い代を折る

1

表衿（表）

→

③表に返して
形を整える

裏衿（表）

表衿（裏）

④身頃の衿ぐりと表衿を
中表に合わせて縫う

後ろ身頃（裏）

0.7

裏衿
はよける

裏衿（裏）

衿つけ止り

衿つけ止り

表衿（裏）

前身頃（表）

→

⑤表衿を起こし、裏衿のつけ側の
折り山を衿ぐりの縫い目に合わせて
しつけする

後ろ身頃（表）

前身頃（裏）

裏衿
（表）

→

⑥表から衿ぐりの
際を縫い、
しつけ糸を抜く

⑦衿端の際を縫う

表衿（表）

前身頃（表）

6 袖下〜脇を縫う

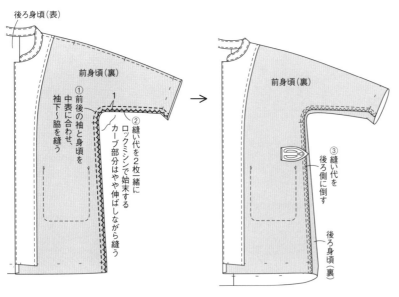

後ろ身頃（表）

前身頃（裏）

①前後の袖と身頃を
中表に合わせ、
袖下〜脇を縫う

1

②縫い代を2枚一緒に
ロックミシンで始末する
カーブ部分はやや伸ばしながら縫う

→

前身頃（裏）

③縫い代を
後ろ側に倒す

後ろ身頃（裏）

7 袖口、裾を始末する

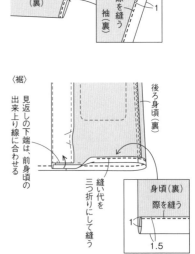

〈袖口〉 縫い代を
三つ折りにして縫う

前身頃（裏）

際を縫う

1

1

袖（裏）

〈裾〉

見返しの下端は、前身頃の
出来上り線に合わせる

後ろ身頃（裏）

縫い代を
三つ折り
にして縫う

身頃（裏）

際を縫う

1

1.5

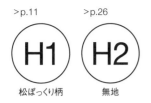

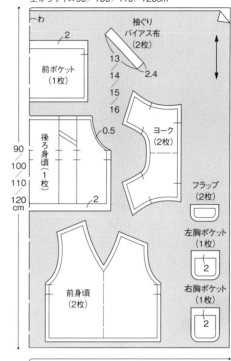

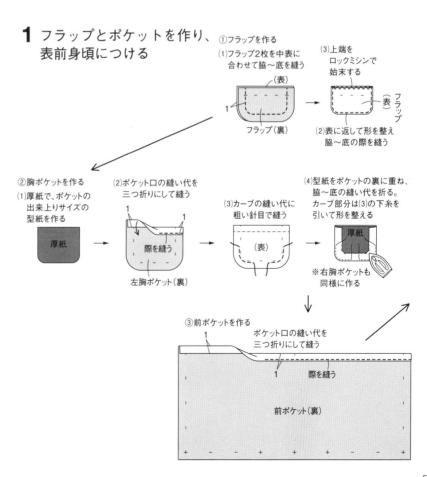

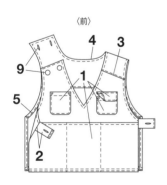

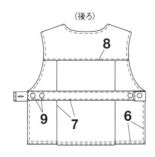

エクスプローラーベスト
Explorer Vest

[出来上り寸法]　＊左からサイズ90／100／110／120cm
バスト …62／66／70／74cm
着丈 …29.7／32.7／35.7／38.7cm

[パターン] 3面

[材料]　＊左からサイズ90／100／110／120cm
表布 ……110cm幅 90／100／110／120cm
綿テープ …2.5cm幅 47／49／51／53cm
ボタン …… 直径1.3cmを6個

[準備]　＊裁合せ図も参照
・綿テープを、タブと後ろテープに切り分ける。
　タブ＝6.5cm×2枚、残りは後ろテープ＝34／36／38／40cm。

[作り方順序]
1. フラップとポケットを作り、表前身頃につける
2. タブを作り、裏前身頃に仮どめする
3. 前身頃とヨークの切替え線を表裏それぞれ縫う
4. 表裏前身頃とヨークを縫い合わせる
5. 後ろ身頃の袖ぐりを始末する
6. 後ろ身頃の裾と脇を始末する
7. 後ろ身頃のタックをたたみ、後ろテープをつける
8. 後ろ身頃とヨークの切替え線を縫う
9. ボタンホールを作り、ボタンをつける

〈前〉

〈後ろ〉

裁合せ図
上からサイズ90／100／110／120cm

わ
2
前ポケット（1枚）
袖ぐりバイアス布（2枚）
13　14　15　16
2.4
0.5
後ろ身頃（1枚）
ヨーク（2枚）
2
フラップ（2枚）
左胸ポケット（1枚）
右胸ポケット（1枚）
90／100／110／120cm
前身頃（2枚）
110cm幅

＊縫い代は指定以外1cm
＊袖ぐりバイアス布は図に示した寸法で裁つ

1 フラップとポケットを作り、表前身頃につける

①フラップを作る
(1)フラップ2枚を中表に合わせて脇〜底を縫う
フラップ（表）
フラップ（裏）
1
(2)表に返して形を整え脇〜底の際を縫う
(3)上端をロックミシンで始末する
フラップ（表）

②胸ポケットを作る
(1)厚紙で、ポケットの出来上りサイズの型紙を作る
厚紙
(2)ポケット口の縫い代を三つ折りにして縫う
際を縫う
左胸ポケット（裏）
(3)カーブの縫い代に粗い針目で縫う
（表）
(4)型紙をポケットの裏に重ね、脇〜底の縫い代を折る。カーブ部分は(3)の下糸を引いて形を整える
厚紙
※右胸ポケットも同様に作る

③前ポケットを作る
ポケット口の縫い代を三つ折りにして縫う
際を縫う
前ポケット（裏）

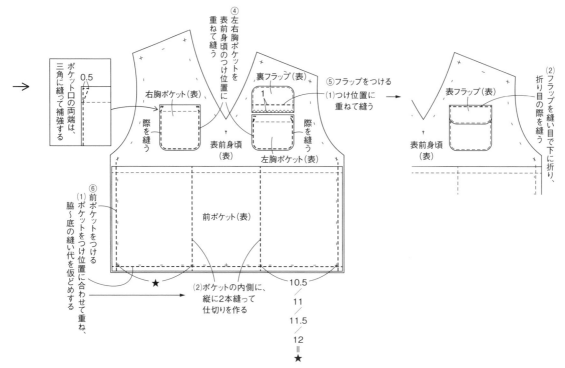

ポケット口の両端は、三角に縫って補強する

0.5

右胸ポケット(表)

際を縫う

④左右胸ポケットを表前身頃のつけ位置に重ねて縫う

裏フラップ(表)

1

⑤フラップをつける

(1)つけ位置に重ねて縫う

際を縫う

表前身頃(表)

左胸ポケット(表)

②フラップを縫い目で下に折り、折り目の際を縫う

表フラップ(表)

表前身頃(表)

⑥(1)前ポケットをつける
(1)ポケットをつけ位置に合わせて重ね、脇～底の縫い代を仮どめする

前ポケット(表)

(2)ポケットの内側に、縦に2本縫って仕切りを作る

★

10.5
11
11.5
12
＝
★

2 タブを作り、裏前身頃に仮どめする

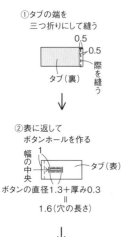

①タブの端を三つ折りにして縫う

0.5
0.5

タブ(裏)

際を縫う

②表に返してボタンホールを作る

幅の中央

1

タブ(表)

ボタンの直径1.3＋厚み0.3
＝
1.6(穴の長さ)

③タブの①と反対側の端を、裏前身頃のタブつけ位置の縫い代に仮どめする

タブ(表)

裏前身頃(表)

3 前身頃とヨークの切替え線を表裏それぞれ縫う

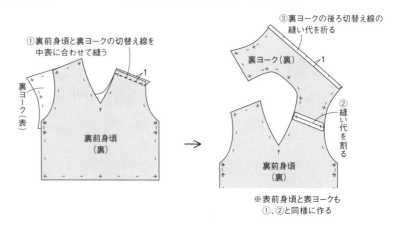

①裏前身頃と裏ヨークの切替え線を中表に合わせて縫う

裏ヨーク(表)

1

裏前身頃(裏)

③裏ヨークの後ろ切替え線の縫い代を折る

裏ヨーク(裏)

1

②縫い代を割る

裏前身頃(裏)

※表前身頃と表ヨークも①、②と同様に作る

4 表裏前身頃とヨークを縫い合わせる

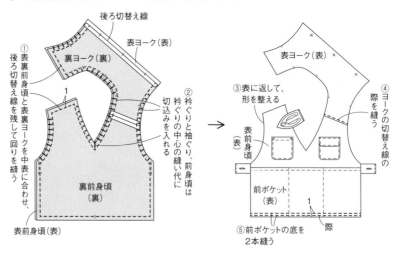

①表裏前身頃と表裏ヨークを中表に合わせ、後ろ切替え線を残して衿回りを縫う

後ろ切替え線

表ヨーク(表)

裏ヨーク(裏)

後ろ切替え線

②衿ぐりと袖ぐり、前身頃は衿ぐりの中心の縫い代に切込みを入れる

裏前身頃(裏)

表前身頃(表)

③表に返して、形を整える

表ヨーク(表)

④ヨークの切替え線の際を縫う

表前身頃(表)

前ポケット(表)

1

際

⑤前ポケットの底を2本縫う

5 後ろ身頃の袖ぐりを始末する

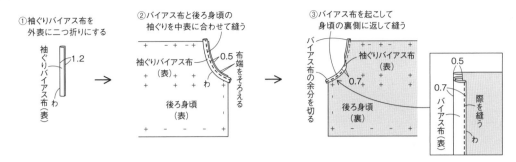

①袖ぐりバイアス布を
外表に二つ折りにする

袖ぐりバイアス布（表）
1.2
わ

②バイアス布と後ろ身頃の
袖ぐりを中表に合わせて縫う

袖ぐりバイアス布（表）
0.5
布端をそろえる
わ
後ろ身頃（表）

③バイアス布を起こして
身頃の裏側に返して縫う

バイアス布を起こす
バイアス布の余分を切る
袖ぐりバイアス布（表）
0.7
後ろ身頃（裏）

0.5
0.7
バイアス布（表）
際を縫う
わ

6 後ろ身頃の裾と脇を始末する

後ろ身頃（裏）

①裾の縫い代を
三つ折りにして縫う

②裾の際を縫う

後ろ身頃（裏）
際を縫う
1
1
際を縫う

③脇の縫い代を
三つ折りにして縫う

後ろ身頃（裏）

0.5
0.5
後ろ身頃（裏）
際を縫う

7 後ろ身頃のタックをたたみ、後ろテープをつける

①タックを裾までたたみ、上端の縫い代と
テープつけ位置の内側を仮どめする

後ろ身頃（表）

③後ろテープを後ろ身頃の
つけ位置に重ね、
上下と端の際を縫う

②後ろテープの端を
裏に1折る

1
後ろ身頃（表）

8 後ろ身頃とヨークの切替え線を縫う

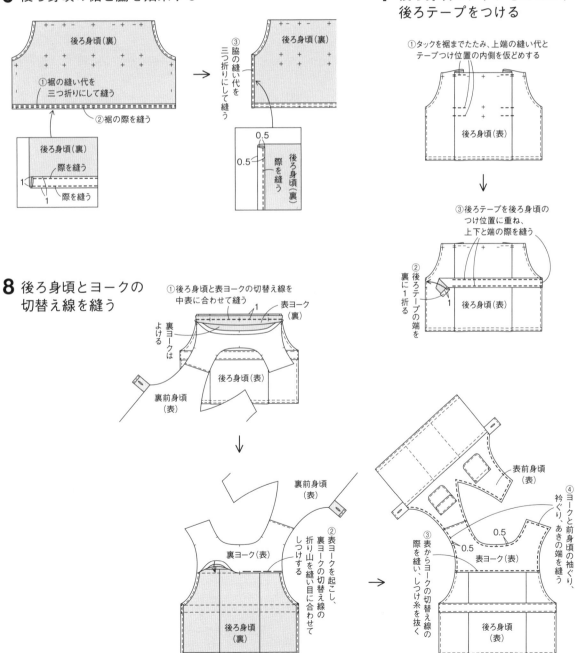

①後ろ身頃と表ヨークの切替え線を
中表に合わせて縫う

表ヨーク（裏）
裏ヨークはよける
1
後ろ身頃（表）
裏前身頃（表）

②表ヨークを起こし、裏ヨークの切替え線の折り山を縫い目に合わせてしつけする

裏前身頃（表）
裏ヨーク（表）
後ろ身頃（裏）

③表からヨークの切替え線の際を縫い、しつけ糸を抜く

④ヨークと前身頃の袖ぐり、衿ぐり、あきの端を縫う

表前身頃（表）
0.5
0.5
表ヨーク（表）
後ろ身頃（表）

11 12

スモックシャツ
Smock Shirt

[出来上り寸法] ＊左からサイズ90／100／110／120cm
バスト(ギャザー上り)…72／76／80／84cm
着丈 ………………42／45／48／51cm
袖丈 ………………24.5／28.5／32.5／36.5cm

[パターン] 4面

[材料] ＊左からサイズ90／100／110／120cm
表布 …………110cm幅 110／110／120／120cm
接着芯 ………90cm幅 10cm
ゴムテープ …0.8cm幅 16／17／18／19cmを2本
面ファスナー …2.5cm幅 10／10.5／11／11.5cm

[準備] ＊裁合せ図も参照
・衿の裏に接着芯をはる。

[作り方順序]
1. ヨークの後ろ端を折る
2. 前身頃のヨーク切替え線にギャザーを寄せて、ヨークと縫う
3. 衿を作り、つける
4. 後ろあきに面ファスナーをつける
5. 後ろ身頃のヨーク切替え線にギャザーを寄せて、ヨークと縫う
6. 袖をつける →p.79 P-5参照
7. 袖下〜脇を縫う →p.79 P-6⑥〜⑧参照
8. 袖口を始末して、ゴムテープを通す
9. 裾を始末する

裁合せ図
上からサイズ90／100／110／120cm

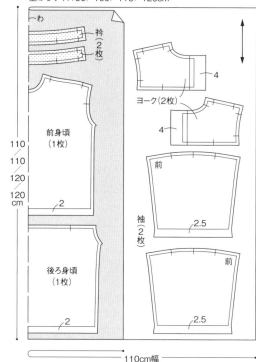

＊縫い代は指定以外1cm
＊ ▨ は接着芯をはる位置

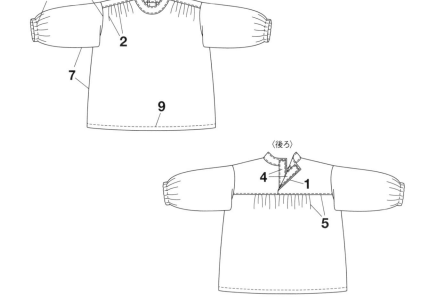

1 ヨークの後ろ端を折る

ヨークの後ろ端の縫い代を
三つ折りにして、衿ぐりと
切替え線の縫い代を仮どめする

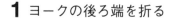
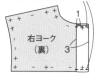

2 前身頃のヨーク切替え線にギャザーを寄せて、ヨークと縫う

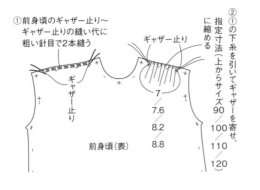

①前身頃のギャザー止り〜ギャザー止りの縫い代に粗い針目で2本縫う

ギャザー止り

ギャザー止り

②の下糸を引いてギャザーを寄せ、指定寸法（上からサイズ90／100／110／120）に縮める

| 7 |
| 7.6 |
| 8.2 |
| 8.8 |

前身頃（表）

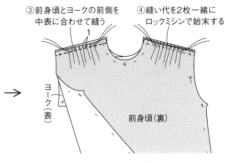

③前身頃とヨークの前側を中表に合わせて縫う

④縫い代を2枚一緒にロックミシンで始末する

ヨーク（表）

前身頃（裏）

ヨーク（裏）

⑤ヨークを起こして、縫い代をヨーク側に倒す

⑥表からヨークの際を縫って縫い代を押さえる

前身頃（裏）

3 衿を作り、つける

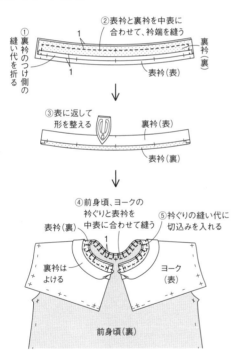

①裏衿のつけ側の縫い代を折る

②表衿と裏衿を中表に合わせて、衿端を縫う

裏衿（裏）

表衿（表）

③表に返して形を整える

裏衿（表）

表衿（裏）

④前身頃、ヨークの衿ぐりと表衿を中表に合わせて縫う

⑤衿ぐりの縫い代に切込みを入れる

表衿（裏）

裏衿はよける

ヨーク（表）

前身頃（裏）

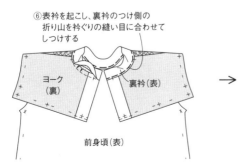

⑥表衿を起こし、裏衿のつけ側の折り山を衿ぐりの縫い目に合わせてしつけする

ヨーク（裏）

裏衿（表）

前身頃（表）

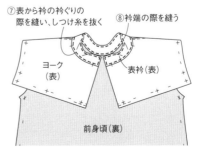

⑦表から衿の衿ぐりの際を縫い、しつけ糸を抜く

⑧衿端の際を縫う

ヨーク（表）

表衿（表）

前身頃（裏）

4 後ろあきに面ファスナーをつける

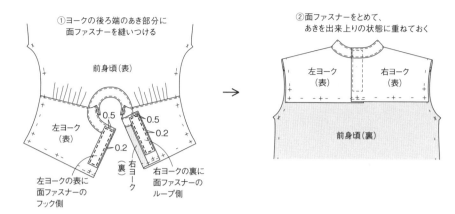

① ヨークの後ろ端のあき部分に
面ファスナーを縫いつける

② 面ファスナーをとめて、
あきを出来上りの状態に重ねておく

前身頃(表)

左ヨーク
(表)

0.5

0.5
0.2

0.2

左ヨークの表に
面ファスナーの
フック側

右ヨーク
(裏)

右ヨークの裏に
面ファスナーの
ループ側

左ヨーク
(表)

右ヨーク
(表)

前身頃(裏)

5 後ろ身頃のヨーク切替え線に
ギャザーを寄せて、ヨークと縫う

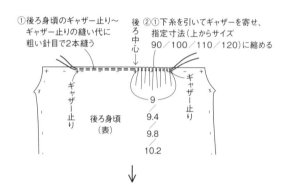

① 後ろ身頃のギャザー止り～
ギャザー止りの縫い代に
粗い針目で2本縫う

後ろ中心

② ①下糸を引いてギャザーを寄せ、
指定寸法(上からサイズ
90／100／110／120)に縮める

ギャザー止り

ギャザー止り

後ろ身頃
(表)

9
9.4
9.8
10.2

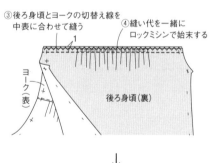

③ 後ろ身頃とヨークの切替え線を
中表に合わせて縫う

④ 縫い代を一緒に
ロックミシンで始末する

1

ヨーク(表)

後ろ身頃(裏)

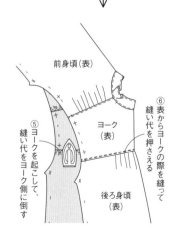

前身頃(表)

⑤ ヨークを起こして、
縫い代をヨーク側に
倒す

⑥ 表からヨークの際を
縫って縫い代を
押さえる

ヨーク
(表)

後ろ身頃
(表)

8 袖口を始末して、ゴムテープを通す

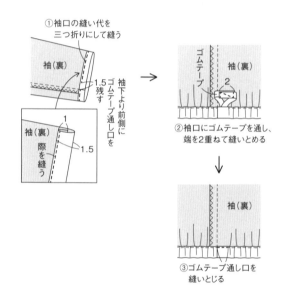

① 袖口の縫い代を
三つ折りにして縫う

袖(裏)

1.5残す

ゴムテープ通し口を
袖下より前側に

袖(裏)

際を縫う

1

1.5

ゴムテープ

袖(裏)

2

② 袖口にゴムテープを通し、
端を2重ねて縫いとめる

袖(裏)

③ ゴムテープ通し口を
縫いとじる

9 裾を始末する

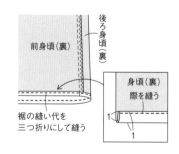

前身頃(裏)

後ろ身頃(裏)

身頃(裏)

際を縫う

1

1

裾の縫い代を
三つ折りにして縫う

>p.11, 20　　>p.12　　>p.22　　>p.24

J1	J2	J3	J4
無地	ヨット柄	無地	チェック柄

マリンパンツ
Marine Pants

[出来上り寸法] ＊左からサイズ90／100／110／120cm
ウエスト(ゴム上り) …42／46／50／54cm
ヒップ ……………77／81／85／89cm
パンツ丈 …………49.4／56.4／63.4／70.4cm

[パターン] 2面

[材料] ＊左からサイズ90／100／110／120cm
表布 ………………(J2)164cm幅 70／80／90／100cm
　　　　　　　　　(J1)、(J3)110cm幅 120／140／150／160cm
　　　　　　　　　(J4)110cm幅 130／150／160／170cm
　　　　　　　　　※柄合せが必要な布は多めに用意する。
(J1)(J2)(J3)接着芯 …15cm 20／20／20／25cm
(J2)パイピングテープ …1.3cm幅 50／54／58／62cm
ゴムテープ …………3cm幅 31／34.5／38／41.5cm
リボン ………………0.7cm幅 70／74／78／82cm

[準備] ＊裁合せ図も参照
・(J1)(J2)(J3)はウエストベルトの前部分の裏に接着芯をはる。

[作り方順序]
1. タックを縫う
2. 脇を縫う
3. ポケットを作り、つける
4. 股下を縫う
5. 股上を縫う
6. ウエストベルトを作る
7. ウエストベルトをつけて、ゴムテープを通す
8. 裾を始末する
9. リボンの先を縫い、ウエストベルトに通す

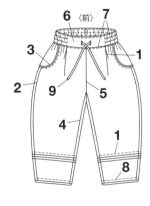

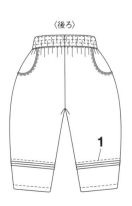

裁合せ図
(J2)上からサイズ90／100／110／120cm

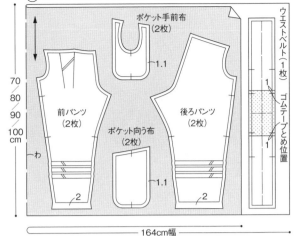

164cm幅

＊縫い代は指定以外1cm
＊▨▨▨は接着芯をはる位置

裁合せ図
(J1)(J3)(J4)上からサイズ90／100／110／120cm

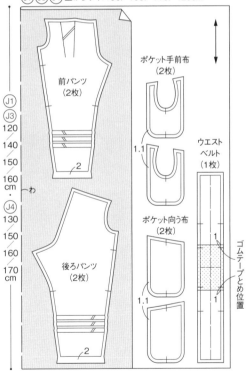

110cm幅

＊縫い代は指定以外1cm
＊▨▨▨は(J1)(J3)の接着芯をはる位置

1 タックを縫う

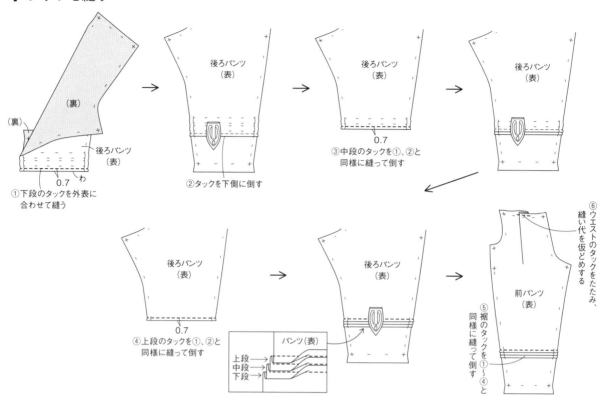

①下段のタックを外表に合わせて縫う

0.7
わ

（裏）
（裏）
後ろパンツ
（表）

②タックを下側に倒す

後ろパンツ
（表）

③中段のタックを①、②と同様に縫って倒す

後ろパンツ
（表）

後ろパンツ
（表）

0.7

④上段のタックを①、②と同様に縫って倒す

後ろパンツ
（表）

パンツ（表）
上段→
中段→
下段→

⑤裾のタックを①～④と同様に縫って倒す

⑥ウエストのタックをたたみ、縫い代を仮どめする

前パンツ
（表）

2 脇を縫う

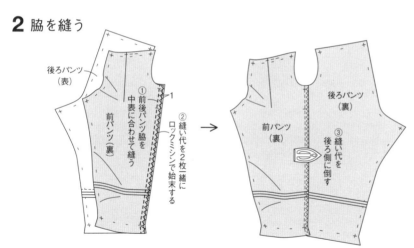

後ろパンツ
（表）

①前後パンツ脇を中表に合わせて縫う

前パンツ（裏）

②縫い代を2枚一緒にロックミシンで始末する

1

前パンツ
（裏）

後ろパンツ
（裏）

③縫い代を後ろ側に倒す

3 ポケットを作り、つける

J2

①ポケット手前布のポケット口の縫い代にパイピングテープを仮どめする

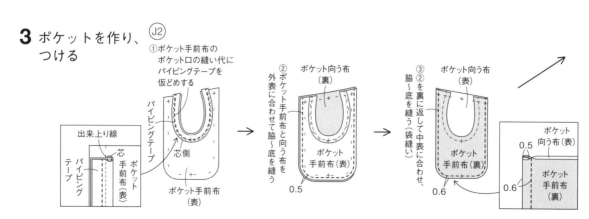

出来上り線
パイピングテープ
芯側
ポケット手前布（表）
パイピングテープ
ポケット手前布（表）

②ポケット手前布と向う布を外表に合わせて脇～底を縫う

ポケット向う布（裏）
ポケット手前布（表）
0.5

③②を裏に返して中表に合わせ、脇～底を縫う（袋縫い）

ポケット向う布（表）
ポケット手前布（裏）
0.6

ポケット向う布（表）
0.5
0.6
ポケット手前布（裏）

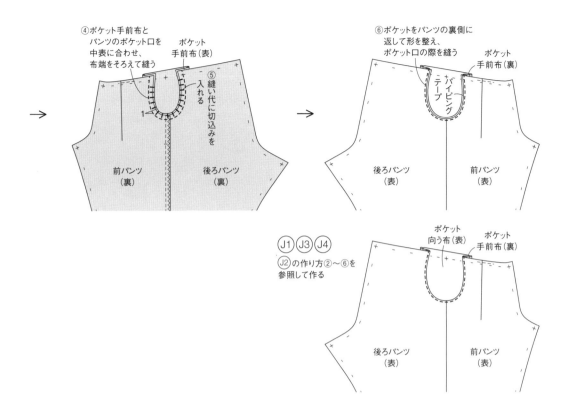

④ポケット手前布と
パンツのポケット口を
中表に合わせ、
布端をそろえて縫う

ポケット
手前布(表)

⑤縫い代に切込みを
入れる

前パンツ
(裏)

後ろパンツ
(裏)

⑥ポケットをパンツの裏側に
返して形を整え、
ポケット口の際を縫う

ポケット
手前布(裏)

バイピング
テープ

後ろパンツ
(表)

前パンツ
(表)

Ⓙ1 Ⓙ3 Ⓙ4

Ⓙ2の作り方②～⑥を
参照して作る

ポケット
向う布(表)

ポケット
手前布(裏)

後ろパンツ
(表)

前パンツ
(表)

4 股下を縫う

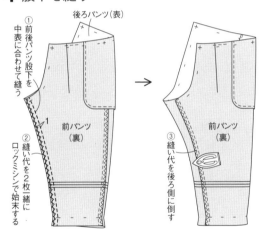

① 前後パンツ股下を
中表に合わせて縫う

後ろパンツ(表)

② 縫い代を2枚一緒に
ロックミシンで始末する

前パンツ
(裏)

③ 縫い代を後ろ側に倒す

前パンツ
(裏)

5 股上を縫う

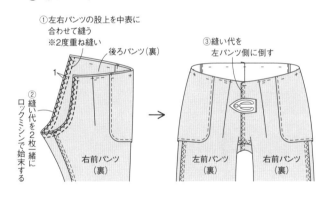

① 左右パンツの股上を中表に
合わせて縫う
※2度重ね縫い

後ろパンツ(裏)

② 縫い代を2枚一緒に
ロックミシンで始末する

③ 縫い代を
左パンツ側に倒す

左前パンツ
(裏)

右前パンツ
(裏)

6 ウエストベルトを作る

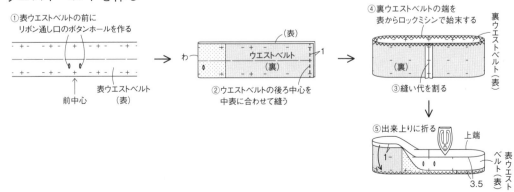

① 表ウエストベルトの前に
リボン通し口のボタンホールを作る

前中心

表ウエストベルト
(表)

わ

ウエストベルト
(裏)

(表)

② ウエストベルトの後ろ中心を
中表に合わせて縫う

④ 裏ウエストベルトの端を
表からロックミシンで始末する

裏ウエスト
ベルト
(表)

(裏)

③ 縫い代を割る

⑤ 出来上りに折る

上端

表ウエスト
ベルト
(表)

3.5

7 ウエストベルトをつけて、ゴムテープを通す

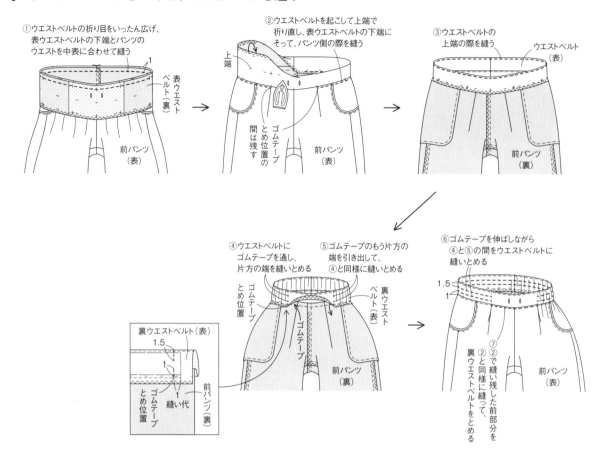

①ウエストベルトの折り目をいったん広げ、表ウエストベルトの下端とパンツのウエストを中表に合わせて縫う

②ウエストベルトを起こして上端で折り直し、表ウエストベルトの下端にそって、パンツ側の際を縫う

③ウエストベルトの上端の際を縫う

④ウエストベルトにゴムテープを通し、片方の端を縫いとめる

⑤ゴムテープのもう片方の端を引き出して、④と同様に縫いとめる

⑥ゴムテープを伸ばしながら④と⑤の間をウエストベルトに縫いとめる

⑦②で縫い残した前部分を②と同様に縫って、裏ウエストベルトをとめる

8 裾を始末する

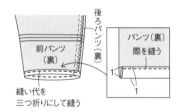

縫い代を三つ折りにして縫う

後ろパンツ（裏）
前パンツ（裏）
パンツ（裏）
際を縫う

9 リボンの先を縫い、ウエストベルトに通す

リボン　0.5　0.5
端を三つ折りにして縫う

>p.10 >p.17 >p.26

G1 無地　G2 チェック柄　G3 松ぼっくり柄

エクスプローラーハーフパンツ
Explorer Half Pants

[出来上り寸法] ＊左からサイズ90／100／110／120cm
ウエスト(ゴム上り)…42／46／50／54cm
ヒップ……………77／81／85／89cm
パンツ丈…………31.5／34.5／37.5／40.5cm

[パターン] 2面

[材料] ＊左からサイズ90／100／110／120cm
表布………G1、G3 110cm幅 90／100／110／120cm
　　　　　　G2 110cm幅 100／110／120／130cm
　　　　　※柄合せが必要な布は多めに用意する。
接着芯……15cm 20／20／20／25cm
ゴムテープ…3cm幅 31／34.5／38／41.5cm
リボン………0.7cm幅 70／74／78／82cm

[準備] ＊裁合せ図も参照
・ウエストベルトの前部分の裏に接着芯をはる。

[作り方順序] ＊p.60〜62 Jの作り方参照
1. タックをたたむ →p.60 J-1⑥
2. 脇を縫う →p.60 J-2
3. ポケットを作り、つける →p.60 J-3②〜⑥
4. 股下を縫う →p.61 J-4
5. 股上を縫う →p.61 J-5
6. ウエストベルトを作る →p.61 J-6
7. ウエストベルトをつけて、ゴムテープを通す →p.62 J-7
8. 裾を始末する →p.62 J-8
9. リボンの先を縫い、ウエストベルトに通す →p.62 J-9

裁合せ図

上からサイズ90／100／110／120cm

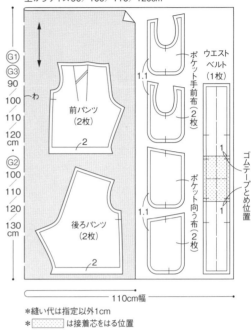

前パンツ（2枚）
後ろパンツ（2枚）
ポケット手前布（2枚）
ポケット向う布（2枚）
ウエストベルト（1枚）
ゴムテープとめ位置

＊縫い代は指定以外1cm
＊ ▨ は接着芯をはる位置

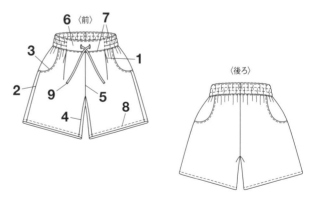

>p.11　>p.12　>p.26

K1 松ぽっくり柄　**K2** 無地　**K3** 無地

プレイハット
Play Hat

[出来上り寸法] ＊左からサイズ90／100／110／120cm
頭囲 …52／53／54／55cm
高さ …8／8.3／8.6／8.9cm

[パターン] 1面

[材料] ＊左からサイズ90／100／110／120cm
表布 ……110cm幅 60／60／70／70cm
接着芯 …90cm幅 30cm
綿テープ…2cm幅 40cmを2本

[準備] ＊裁合せ図も参照
・前後ブリムの裏に接着芯をはる。

[作り方順序]
1. 前後ブリムをそれぞれ縫い合わせる
2. テープを後ろブリムに仮どめし、
　 前後ブリムの端を重ねて仮どめする
3. 表裏サイドクラウンの後ろ中心をそれぞれ縫う
4. サイドクラウンとトップクラウンを表裏それぞれ縫う
5. サイドクラウンとブリムを縫う

裁合せ図
上からサイズ90／100／110／120cm

〈わ

サイドクラウン（2枚）

トップクラウン（2枚）

60／60／70／70cm

前ブリム（2枚）

後ろブリム（2枚）

110cm幅

＊縫い代は指定以外1cm
＊ ▦ は接着芯をはる位置

4
5
3
1
1

〈内側〉

2

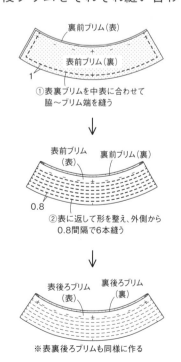

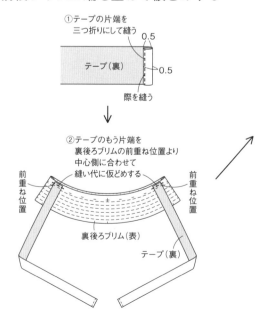

1 前後ブリムをそれぞれ縫い合わせる

裏前ブリム（表）
表前ブリム（裏）
1
①表裏ブリムを中表に合わせて
脇～ブリム端を縫う

↓

表前ブリム（表）　裏前ブリム（裏）
0.8
②表に返して形を整え、外側から
0.8間隔で6本縫う

↓

表後ろブリム（表）　裏後ろブリム（裏）
※表裏後ろブリムも同様に作る

2 テープを後ろブリムに仮どめし、前後ブリムの端を重ねて仮どめする

①テープの片端を
三つ折りにして縫う
0.5
テープ（裏）
0.5
際を縫う

↓

②テープのもう片端を
裏後ろブリムの前重ね位置より
中心側に合わせて
縫い代に仮どめする

前重ね位置
前重ね位置
裏後ろブリム（表）
テープ（裏）

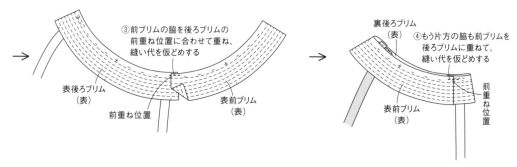

③前ブリムの脇を後ろブリムの前重ね位置に合わせて重ね、縫い代を仮どめする

表後ろブリム（表）

前重ね位置

表前ブリム（表）

裏後ろブリム（表）

④もう片方の脇も前ブリムを後ろブリムに重ねて、縫い代を仮どめする

表前ブリム（表）

前重ね位置

3 表裏サイドクラウンの後ろ中心をそれぞれ縫う

（表）

表サイドクラウン（裏）

①表サイドクラウンの後ろ中心を中表に合わせて縫う

（表）

表サイドクラウン（裏）

②縫い代を割る

※裏サイドクラウンも同様に作る

4 サイドクラウンとトップクラウンを表裏それぞれ縫う

①表トップクラウンと表サイドクラウンの上端を中表に合わせて縫う

表トップクラウン（裏）

表サイドクラウン（裏）

②縫い代をトップクラウン側に倒す

表トップクラウン（裏）

表サイドクラウン（裏）

③表に返して形を整える

表トップクラウン（裏）

表サイドクラウン（表）

※裏トップクラウンと裏サイドクラウンも同様に作る

5 サイドクラウンとブリムを縫う

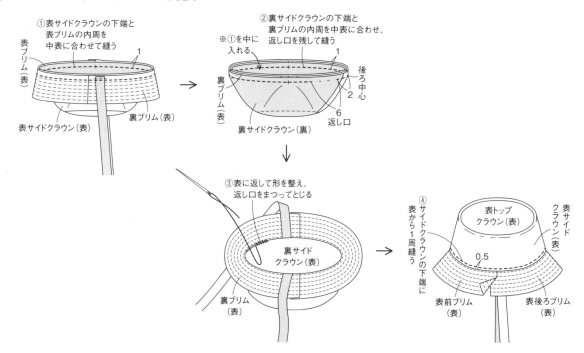

①表サイドクラウンの下端と表ブリムの内周を中表に合わせて縫う

表ブリム（表）

表サイドクラウン（表）

裏ブリム（表）

②裏サイドクラウンの下端と裏ブリムの内周を中表に合わせ、返し口を残して縫う

※①を中に入れる

裏ブリム（表）

裏サイドクラウン（裏）

後ろ中心

返し口

③表に返して形を整え、返し口をまつってとじる

裏サイドクラウン（表）

裏ブリム（表）

④サイドクラウンの下端に表から1周縫う

表トップクラウン（表）

表サイドクラウン（表）

0.5

表前ブリム（表）

表後ろブリム（表）

>p.12　>p.13

L1 ヨット柄　L2 無地

マリンドレス
Marine Dress

[出来上り寸法] ＊左からサイズ90／100／110／120cm
バスト …68／72／76／80cm
着丈 …55／61／67／73cm

[パターン] 1面

[材料] ＊左からサイズ90／100／110／120cm
表布 …… L1 164cm幅 90／100／120／130cm
　　　　 L2 110cm幅 130／140／170／180cm
接着芯 …90cm幅 30／30／35／35cm
ボタン …… 直径1.15cmを1個

[準備] ＊裁合せ図も参照
・衿ぐり見返し、袖ぐり見返し、タブの裏に接着芯をはる。

[作り方順序]
1. ループを作り、後ろ身頃の衿ぐりに仮どめする →p.68 M-1
2. 身頃と衿ぐり見返しの肩をそれぞれ縫う →p.69 M-2
3. 衿ぐりとあきを見返しで縫い返す →p.69 M-3
4. タブを作り、前身頃につける →p.70 M-4
5. 脇を縫う →p.70 M-5参照
6. 袖ぐり見返しの肩と脇を縫い、袖ぐりを縫い返す
7. 裾を始末する
8. つけ衿を作る →p.71 M-10

裁合せ図
L1 上からサイズ90／100／110／120cm

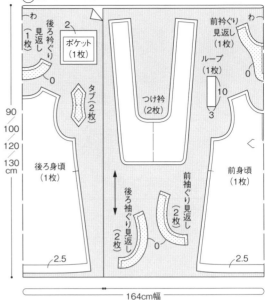

90
100
120
130
cm

164cm幅

＊縫い代は指定以外1cm
＊ループは図に示した寸法で裁つ
＊ ▒ は接着芯をはる位置

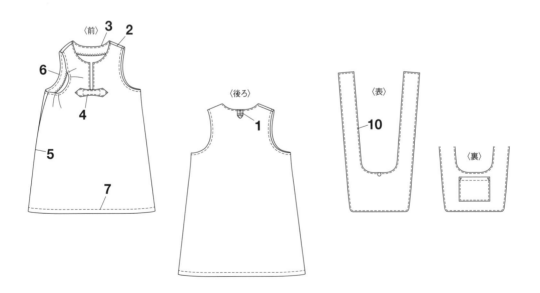

裁合せ図

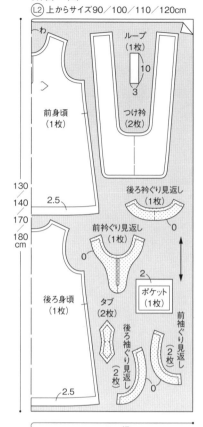

わ

ループ
（1枚）

10

3

前身頃
（1枚）

つけ衿
（2枚）

130
140
170
180
cm

2.5

後ろ衿ぐり見返し
（1枚）

0

前衿ぐり見返し
（1枚）

0

2

ポケット
（1枚）

後ろ身頃
（1枚）

タブ
（2枚）

後ろ袖ぐり
見返し
（2枚）

0

前袖ぐり
見返し
（2枚）

2.5

110cm幅

＊縫い代は指定以外1cm
＊ループは図に示した寸法で裁つ
＊ ▨ は接着芯をはる位置

6 袖ぐり見返しの肩と脇を縫い、袖ぐりを縫い返す

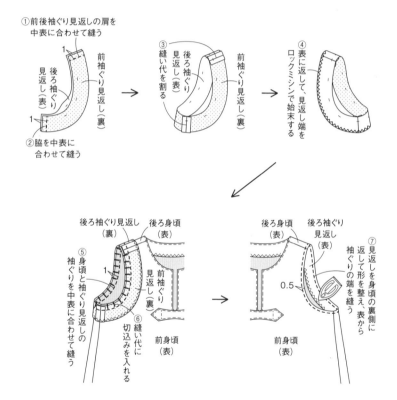

①前後袖ぐり見返しの肩を
中表に合わせて縫う

前袖ぐり見返し（表）
後ろ袖ぐり見返し（裏）

②脇を中表に
合わせて縫う

③縫い代を割る

後ろ袖ぐり見返し（表）
前袖ぐり見返し（裏）

④表に返して、見返し端を
ロックミシンで始末する

⑤身頃と袖ぐり見返しの
袖ぐりを中表に合わせて縫う

後ろ袖ぐり見返し（裏）
後ろ身頃（表）

後ろ袖ぐり見返し（裏）
前袖ぐり見返し（裏）

⑥縫い代に切込みを入れる

前身頃（表）

後ろ身頃（表）

後ろ袖ぐり見返し（表）

⑦見返しを身頃の裏側に
返して形を整え、表から
袖ぐりの端を縫う

0.5

前身頃（表）

7 裾を始末する

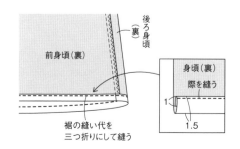

後ろ身頃（裏）

前身頃（裏）

身頃（裏）

際を縫う

1

1.5

裾の縫い代を
三つ折りにして縫う

M1 無地　M2 ヨット柄

マリンシャツ
Marine Shirt

[出来上り寸法] ＊左からサイズ90／100／110／120cm
バスト …74／78／82／86cm
着丈 …35／38／41／44cm
袖丈 …29／33／37／41cm

[パターン] 1面

[材料] ＊左からサイズ90／100／110／120cm
表布 ………M1 110cm幅 130／140／150／160cm
　　　　　　M2 164cm幅 90／100／110／120cm
接着芯 ……60×25cm
ゴムテープ …0.8cm幅 16／18／20／22cmを2本
ボタン ………直径1.15cmを1個

[準備] ＊裁合せ図も参照
・衿ぐり見返し、タブの裏に接着芯をはる。

[作り方順序]
1. ループを作り、後ろ身頃の衿ぐりに仮どめする
2. 身頃と見返しの肩をそれぞれ縫う
3. 衿ぐりとあきを見返しで縫い返す
4. タブを作り、前身頃につける
5. 脇を縫う
6. タックを縫う
7. 裾を始末する
8. 袖を作る
9. 袖をつける
10. つけ衿を作る

裁合せ図
M1 上からサイズ90／100／110／120cm

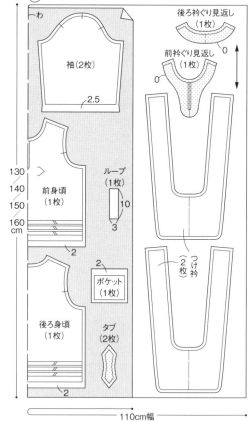

＊縫い代は指定以外1cm
＊ループは図に示した寸法で裁つ
＊ は接着芯をはる位置

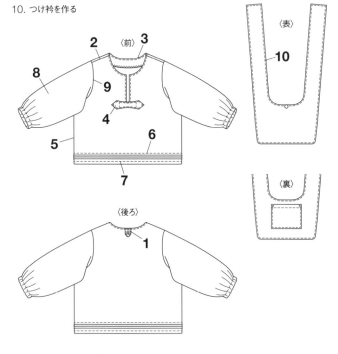

1 ループを作り、後ろ身頃の衿ぐりに仮どめする

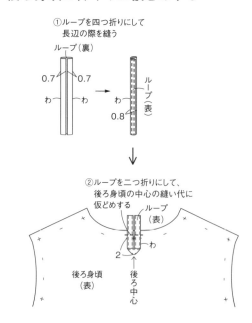

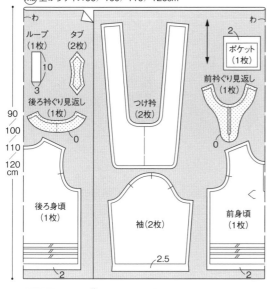

裁合せ図
Ⓜ2 上からサイズ90／100／110／120cm

ループ
（1枚）

タブ
（2枚）

10

3

後ろ衿ぐり見返し
（1枚）

0

後ろ身頃
（1枚）

2

つけ衿
（2枚）

袖（2枚）

2.5

わ

2

ポケット
（1枚）

前衿ぐり見返し
（1枚）

0

前身頃
（1枚）

2

90
100
110
120
cm

わ

164cm幅

＊縫い代は指定以外1cm
＊ループは図に示した寸法で裁つ
＊ ▨ は接着芯をはる位置

2 身頃と衿ぐり見返しの肩をそれぞれ縫う

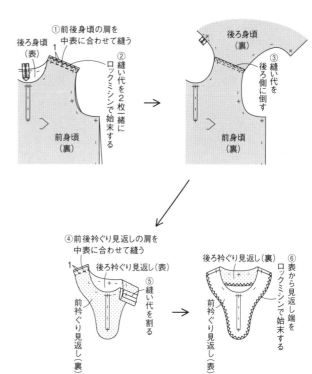

後ろ身頃
（表）

①前後身頃の肩を
中表に合わせて縫う

②縫い代を2枚一緒に
ロックミシンで始末する

前身頃
（裏）

後ろ身頃
（裏）

③縫い代を
後ろ側に倒す

前身頃
（裏）

④前後衿ぐり見返しの肩を
中表に合わせて縫う

後ろ衿ぐり見返し（表）

前衿ぐり見返し（裏）

⑤縫い代を割る

後ろ衿ぐり見返し（裏）

前衿ぐり見返し（表）

⑥表から見返し端を
ロックミシンで始末する

3 衿ぐりとあきを見返しで縫い返す

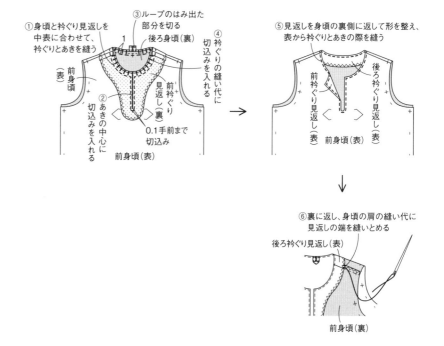

①身頃と衿ぐり見返しを
中表に合わせて、
衿ぐりとあきを縫う

③ループのはみ出た
部分を切る

後ろ身頃（裏）

④衿ぐりの縫い代に
切込みを入れる

前身頃
（表）

前衿ぐり
見返し（裏）

②あきの中心に
切込みを入れる

0.1手前まで
切込み

前身頃（表）

⑤見返しを身頃の裏側に返して形を整え、
表から衿ぐりとあきの際を縫う

後ろ衿ぐり
見返し（表）

前衿ぐり
見返し
（表）

前身頃（表）

⑥裏に返し、身頃の肩の縫い代に
見返しの端を縫いとめる

後ろ衿ぐり見返し（表）

前身頃（裏）

4 タブを作り、前身頃につける

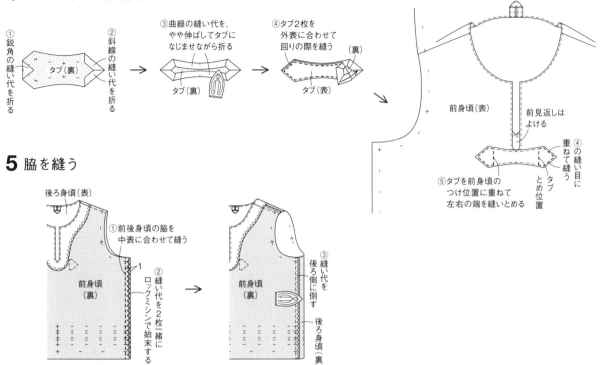

①鋭角の縫い代を折る

②斜線の縫い代を折る

③曲線の縫い代を、やや伸ばしてタブになじませながら折る

タブ（裏）

④タブ2枚を外表に合わせて回りの際を縫う

タブ（裏）
タブ（表）

前身頃（表）

前見返しはよける

④の縫い目に重ねて縫う

タブとめ位置

⑤タブを前身頃のつけ位置に重ねて左右の端を縫いとめる

5 脇を縫う

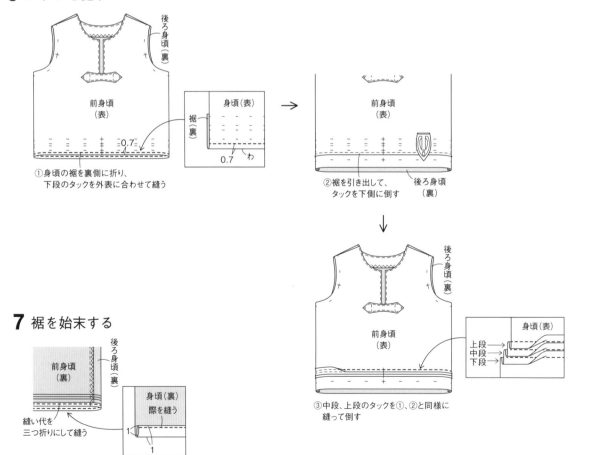

後ろ身頃（表）

①前後身頃の脇を中表に合わせて縫う

前身頃（裏）

②縫い代を2枚一緒にロックミシンで始末する

1

③縫い代を後ろ側に倒す

後ろ身頃（裏）

6 タックを縫う

後ろ身頃（裏）

前身頃（表）

裾（裏）

身頃（表）

0.7

0.7　わ

①身頃の裾を裏側に折り、下段のタックを外表に合わせて縫う

前身頃（表）

②裾を引き出して、タックを下側に倒す

後ろ身頃（裏）

後ろ身頃（裏）

前身頃（表）

身頃（表）

上段
中段
下段

③中段、上段のタックを①、②と同様に縫って倒す

7 裾を始末する

前身頃（裏）

後ろ身頃（裏）

縫い代を三つ折りにして縫う

身頃（裏）

際を縫う

1

1

8 袖を作る

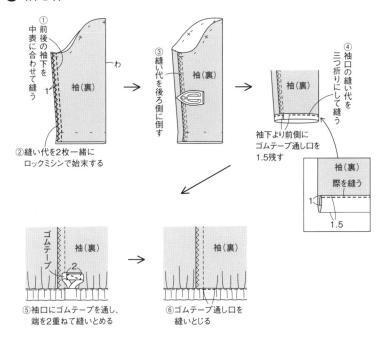

① 前後の袖下を中表に合わせて縫う

② 縫い代を2枚一緒にロックミシンで始末する

③ 縫い代を後ろ側に倒す

④ 袖口の縫い代を三つ折りにして縫う

袖下より前側にゴムテープ通し口を1.5残す

袖（裏）
際を縫う
1
1.5

⑤ 袖口にゴムテープを通し、端を2重ねて縫いとめる

ゴムテープ
袖（裏）

⑥ ゴムテープ通し口を縫いとじる

袖（裏）

9 袖をつける

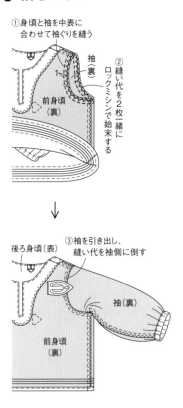

① 身頃と袖を中表に合わせて袖ぐりを縫う

② 縫い代を2枚一緒にロックミシンで始末する

袖（裏）
前身頃（裏）

③ 袖を引き出し、縫い代を袖側に倒す

後ろ身頃（表）
前身頃（裏）
袖（裏）

10 つけ衿を作る

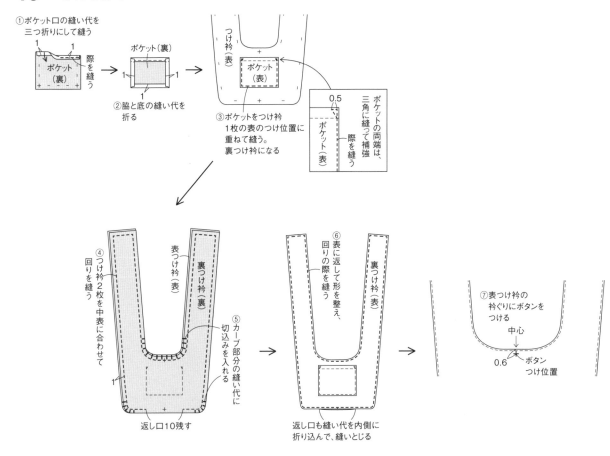

① ポケット口の縫い代を三つ折りにして縫う

ポケット（裏）
際を縫う
1　1

② 脇と底の縫い代を折る

ポケット（裏）
1　1

③ ポケットをつけ衿1枚の表のつけ位置に重ねて縫う。裏つけ衿になる

つけ衿（表）
ポケット（表）

ポケットの両端は、三角に縫って補強

0.5
ポケット（表）
際を縫う

④ つけ衿2枚を中表に合わせて回りを縫う

表つけ衿（表）
裏つけ衿（裏）
1

⑤ カーブ部分の縫い代に切込みを入れる

返し口10残す

⑥ 表に返して形を整え、回りの際を縫う

表つけ衿（表）
裏つけ衿（表）

返し口も縫い代を内側に折り込んで、縫いとじる

⑦ 表つけ衿の衿ぐりにボタンをつける

中心
0.6
ボタンつけ位置

シェフカラー
Chef Collar

[出来上り寸法] ＊左からサイズ90／100／110／120cm
肩幅 …23／25／27／29cm
前丈 …15.5／17／18.5／20cm

[パターン] 1面

[材料] ＊左からサイズ90／100／110／120cm
表布 ………110cm幅 70／75／80／85cm
N1 接着芯 …90cm幅 10cm
綿テープ ……2cm幅 30／32／34／36cmを4本
ボタン ………直径1.15cmを6個

[準備] ＊裁合せ図も参照
・N1 は衿の裏に接着芯をはる。

[作り方順序]
1. 肩を縫い、テープを仮どめする
2. 表裏身頃を縫い合わせる
3. 衿を作り、つける
4. ボタンホールを作り、ボタンをつける

裁合せ図
上からサイズ90／100／110／120cm

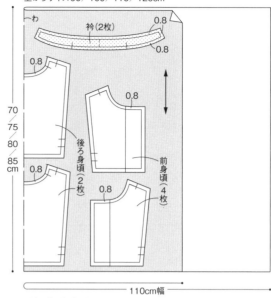

＊縫い代は指定以外1cm
＊ ▨ は N1 の接着芯をはる位置

1 肩を縫い、テープを仮どめする

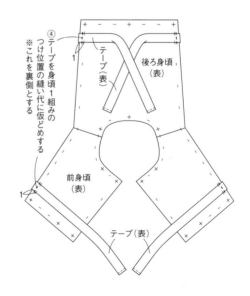

2 表裏身頃を縫い合わせる

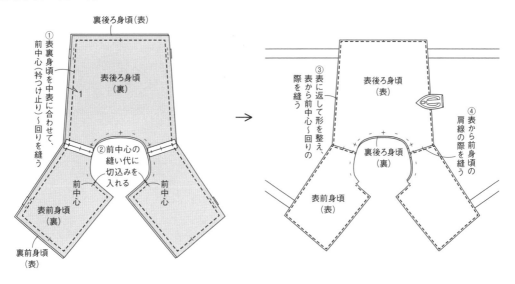

① 表裏身頃を中表に合わせて、前中心（衿つけ止り）〜回りを縫う

裏後ろ身頃（表）

表後ろ身頃（裏）

② 前中心の縫い代に切込みを入れる

前中心

前中心

表前身頃（裏）

裏前身頃（表）

③ 表に返して形を整え、表から前中心〜回りの際を縫う

表後ろ身頃（表）

裏後ろ身頃（裏）

④ 表から前身頃の肩線の際を縫う

表前身頃（表）

3 衿を作り、つける

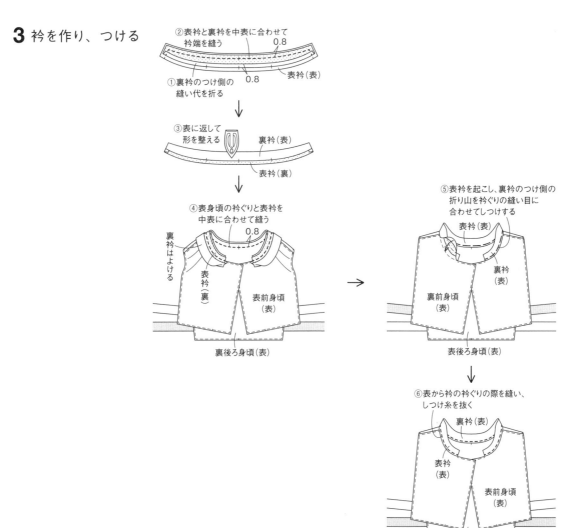

② 表衿と裏衿を中表に合わせて衿端を縫う

0.8

0.8

① 裏衿のつけ側の縫い代を折る

表衿（表）

③ 表に返して形を整える

裏衿（表）

表衿（裏）

④ 表身頃の衿ぐりと表衿を中表に合わせて縫う

0.8

裏衿はよける

表衿（裏）

表前身頃（表）

裏後ろ身頃（表）

⑤ 表衿を起こし、裏衿のつけ側の折り山を衿ぐりの縫い目に合わせてしつけする

表衿（表）

裏衿（表）

裏前身頃（表）

表後ろ身頃（表）

⑥ 表から衿の衿ぐりの際を縫い、しつけ糸を抜く

裏衿（表）

表衿（表）

表前身頃（表）

裏後ろ身頃（表）

シェフエプロン
Chef Apron

[出来上り寸法] ＊左からサイズ90／100／110／120cm
裾幅 ……42／44／46／48cm
身頃丈 …48／53.5／59／64.5cm

[パターン] 3面

[材料] ＊左からサイズ90／100／110／120cm
表布 …………110cm幅 60／70／80／90cm
面ファスナー …2.5cm幅 14／15／16／17cm
綿テープ ………2cm幅 180／183／186／189cm

[準備] ＊裁合せ図も参照
・左右身頃の前中心～ベンツの上端をロックミシンで始末する。

[作り方順序]
1．ポケットを作る
2．左右身頃の裾をそれぞれ始末する
3．ベンツと前中心を縫う
4．上端と脇を始末する
5．ひも通し布をつける
6．身頃に面ファスナーをつける
7．テープの先を縫い、ひも通し布に通す

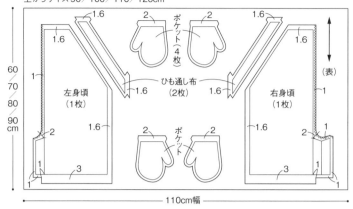

裁合せ図
上からサイズ90／100／110／120cm

〈ひも通し布の縫い代のつけ方〉

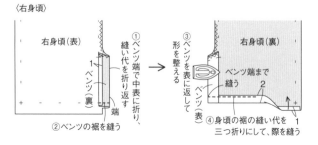

1 ポケットを作る

①ポケット口の縫い代を三つ折りにして縫う
※左右対称の1枚も、口を同様に縫う

②面ファスナーを2等分にして、ポケットの表のつけ位置に重ねて縫う。裏ポケットになる

③表裏ポケットを中表に合わせて回りを縫う

④カーブ部分と指の間（角）の縫い代に切込みを入れる

⑤表に返して形を整え、回りの際を縫う

※左ポケットも同様に作る

2 左右身頃の裾をそれぞれ始末する

〈右身頃〉

①ベンツ端で中表に折り、縫い代を折り返す
②ベンツの裾を縫う
③形を整えて表に返して
④身頃の裾の縫い代を三つ折りにして、際を縫う

〈左身頃〉

①ベンツ端で中表に折り、縫い代を折り返す
②ベンツの裾を縫う
③形を整えて表に返して
④身頃の裾の縫い代を三つ折りにして、際を縫う

3 ベンツと前中心を縫う

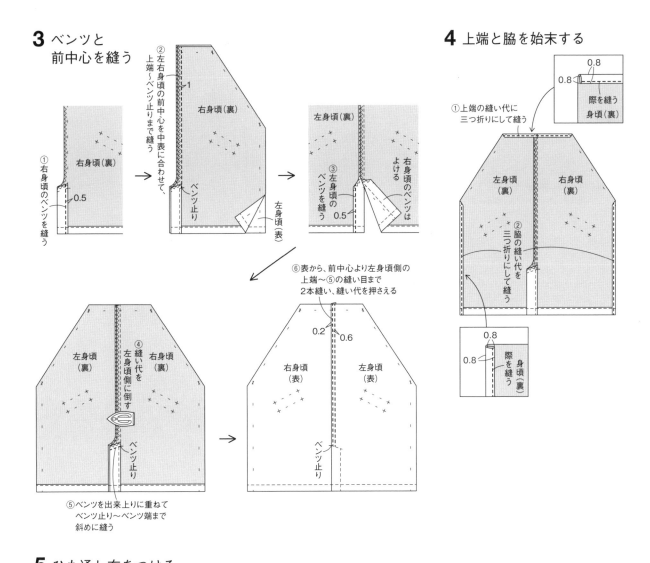

① 右身頃のベンツを縫う

0.5

右身頃（裏）

② 左右身頃の前中心を中表に合わせて、上端～ベンツ止りまで縫う

右身頃（裏）

1

ベンツ止り

左身頃（表）

③ 左身頃のベンツを縫う

左身頃（裏）

右身頃のベンツはよける

0.5

④ 縫い代を左身頃側に倒す

左身頃（裏）

右身頃（裏）

ベンツ止り

⑤ ベンツを出来上りに重ねてベンツ止り～ベンツ端まで斜めに縫う

⑥ 表から、前中心より左身頃側の上端～⑤の縫い目まで2本縫い、縫い代を押さえる

0.2 0.6

右身頃（表）

左身頃（表）

ベンツ止り

4 上端と脇を始末する

0.8
0.8

際を縫う
身頃（裏）

① 上端の縫い代に三つ折りにして縫う

左身頃（裏）

右身頃（裏）

② 脇の縫い代を三つ折りにして縫う

0.8
0.8

際を縫う
身頃（裏）

5 ひも通し布をつける

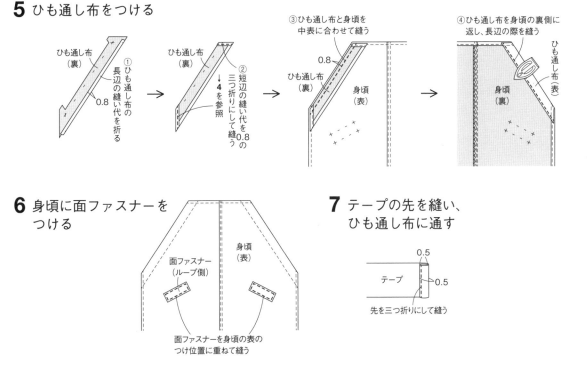

ひも通し布（裏）

① ひも通し布の長辺の縫い代を折る

0.8

ひも通し布（裏）

② 短辺の縫い代を0.8の三つ折りにして縫う
→ 4 を参照

③ ひも通し布と身頃を中表に合わせて縫う

0.8

ひも通し布（裏）

身頃（表）

④ ひも通し布を身頃の裏側に返し、長辺の際を縫う

ひも通し布（表）

身頃（裏）

6 身頃に面ファスナーをつける

身頃（表）

面ファスナー（ループ側）

面ファスナーを身頃の表のつけ位置に重ねて縫う

7 テープの先を縫い、ひも通し布に通す

0.5

テープ

0.5

先を三つ折りにして縫う

>p.29　　>p.31

P1 P2

P1 動物柄　P2 チェック柄

ペインターオールインワン
Painter All-in-One

[出来上り寸法] ＊左からサイズ90／100／110／120cm
バスト …72／76／80／84cm
着丈 …75.5／84.5／93.5／102.5cm
袖丈 …12／14.5／17／19.5cm

[パターン] 2面

[材料] ＊左からサイズ90／100／110／120cm
表布 ……P1 138cm幅 120／130／150／160cm
　　　　P2 110cm幅 150／160／170／180cm
接着芯 …70×40／50／50／50cm
ボタン ……直径1.15cmを10個

[準備] ＊裁合せ図も参照
・裏衿、表台衿、裏台衿、上短冊、下短冊、タブの裏に接着芯をはる。

[作り方順序]
1. 前後身頃の股上をそれぞれ縫う
2. 前身頃に短冊をつける
3. 肩を縫う
4. 衿と台衿を縫い、身頃につける
5. 袖をつける
6. タブを作って後ろ身頃の脇に仮どめし、
　 袖下～脇を縫う
7. 股下を縫う
8. 袖口、裾を始末する
9. ボタンホールを作り、ボタンをつける

裁合せ図
P1 上からサイズ90／100／110／120cm

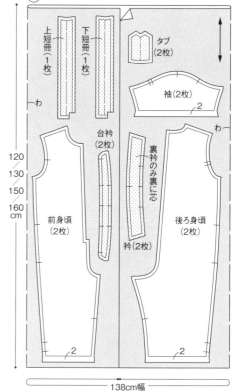

＊縫い代は指定以外1cm
＊ ░░░ は接着芯をはる位置

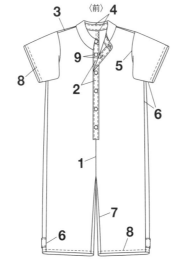

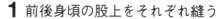

1 前後身頃の股上をそれぞれ縫う

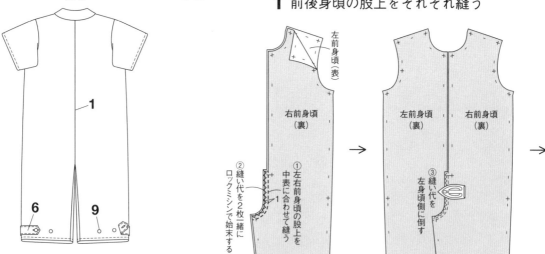

裁合せ図

P2 上からサイズ90／100／110／120cm

タブ
(2枚)

袖(2枚)
2

上短冊(1枚)　下短冊(1枚)

前身頃
(2枚)

150
160
170
180
cm

2

衿
(2枚)　台衿
(2枚)

後ろ身頃
(2枚)

裏衿のみ裏に芯

2

2

わ

← 110cm幅 →

＊縫い代は指定以外1cm
＊ ▦ は接着芯をはる位置

2 前身頃に短冊をつける

①短冊を出来上りに折る

〈下短冊〉

1 → 1 → 前端 2

(裏)　(裏)　(表)

1

〈上短冊〉

1 → → 前端 2

(裏)　(裏)　(表)

1

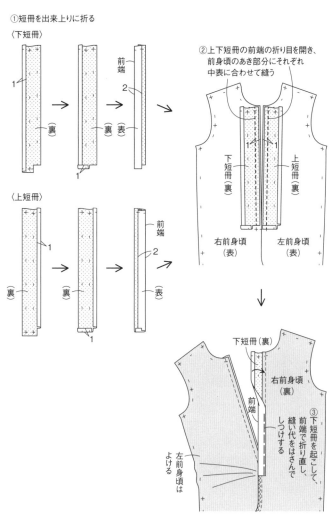

②上下短冊の前端の折り目を開き、
前身頃のあき部分にそれぞれ
中表に合わせて縫う

下短冊(裏)　上短冊(裏)
1　1
右前身頃(表)　左前身頃(表)

③下短冊を起こして、
前端で折り直し、
縫い代をはさんで
しつけする

下短冊(裏)
右前身頃(裏)
前端
左前身頃はよける

④前身頃の表から
下短冊の際を縫い、
しつけ糸を抜く

前身頃(表)　下短冊(表)　前端
右前身頃(表)　下短冊(表)
左前身頃はよける

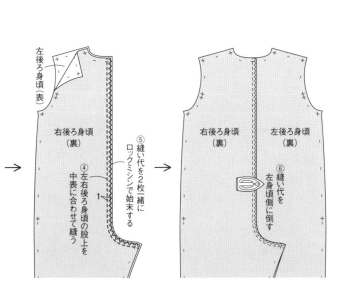

左後ろ身頃(表)
右後ろ身頃(裏)　左後ろ身頃(裏)

④左右後ろ身頃の股上を
中表に合わせて縫う

⑤縫い代を2枚一緒に
ロックミシンで始末する

1

右後ろ身頃(裏)　左後ろ身頃(裏)

⑥縫い代を
左身頃側に
倒す

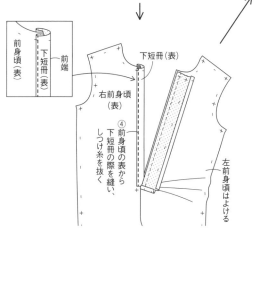

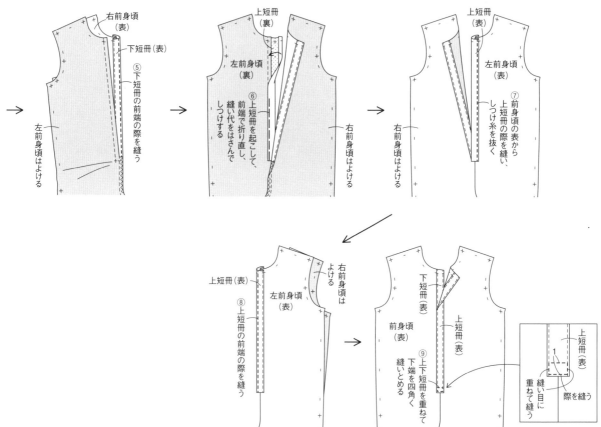

⑤下短冊の前端の際を縫う

右前身頃（表）
下短冊（表）
左前身頃はよける

上短冊（裏）
左前身頃（裏）
⑥上短冊を起こして、前端で折り直し、縫い代をはさんでしつけする
右前身頃はよける

上短冊（表）
左前身頃（表）
⑦前身頃の表から上短冊の際を縫い、しつけ糸を抜く
右前身頃はよける

上短冊（表）
左前身頃（表）
右前身頃はよける
⑧上短冊の前端の際を縫う

下短冊（表）
前身頃（表）
上短冊（表）
⑨上下短冊を重ねて下端を四角く縫いとめる

上短冊（表）
縫い目に重ねて縫う
際を縫う
1

3 肩を縫う

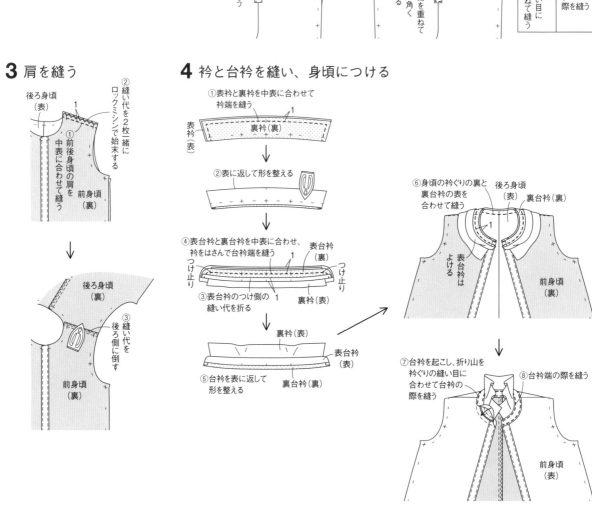

後ろ身頃（表）
②縫い代を2枚一緒にロックミシンで始末する
1
①前後身頃の肩を中表に合わせて縫う
前身頃（裏）

後ろ身頃（裏）
③縫い代を後ろ側に倒す
前身頃（裏）

4 衿と台衿を縫い、身頃につける

①表衿と裏衿を中表に合わせて衿端を縫う
1
表衿（表）
裏衿（裏）

②表に返して形を整える

④表台衿と裏台衿を中表に合わせ、衿をはさんで台衿端を縫う
つけ止り
表台衿（裏）
1
つけ止り
③表台衿のつけ側の縫い代を折る
裏衿（表）

裏衿（表）
表台衿（表）
⑤台衿を表に返して形を整える
裏台衿（裏）

⑥身頃の衿ぐりの裏と裏台衿の表を合わせて縫う
後ろ身頃（表）
裏台衿（裏）
1
表台衿はよける
前身頃（裏）

⑦台衿を起こし、折り山を衿ぐりの縫い目に合わせて台衿の際を縫う
⑧台衿端の際を縫う
前身頃（表）

5 袖をつける

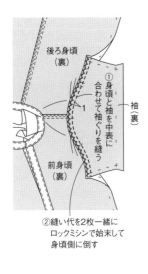

①身頃と袖を中表に合わせて袖ぐりを縫う

袖(裏)
後ろ身頃(裏)
前身頃(裏)

②縫い代を2枚一緒にロックミシンで始末して身頃側に倒す

6 タブを作って後ろ身頃の脇に仮どめし、袖下〜脇を縫う

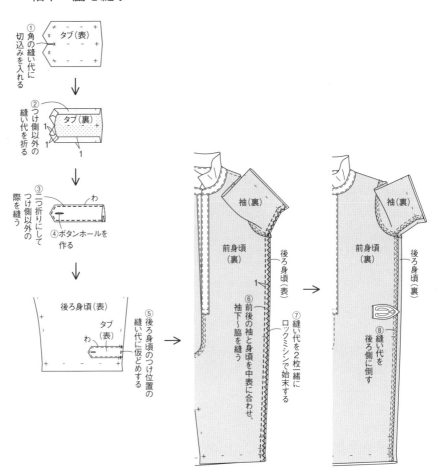

①角の縫い代に切込みを入れる

タブ(表)

②つけ側以外の縫い代を折る

タブ(裏)
1

③三つ折りにしてつけ側以外の際を縫う

わ

タブ(裏)

④ボタンホールを作る

後ろ身頃(表)

タブ(表)
わ

⑤後ろ身頃のつけ位置の縫い代に仮どめする

前身頃(裏)
袖(裏)
後ろ身頃(表)
1

⑥前後の袖と身頃を中表に合わせ、袖下〜脇を縫う

⑦縫い代を2枚一緒にロックミシンで始末する

前身頃(裏)
袖(裏)
後ろ身頃(裏)

⑧縫い代を後ろ側に倒す

7 股下を縫う

前身頃(裏)

①前後身頃の股下を中表に合わせて縫う

②縫い代を2枚一緒にロックミシンで始末して後ろ側に倒す

1

8 袖口、裾を始末する

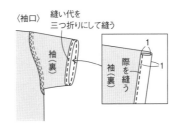

〈袖口〉

縫い代を三つ折りにして縫う

袖(裏)
際を縫う
袖(裏)
1
1

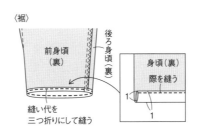

〈裾〉

前身頃(裏)
後ろ身頃(裏)
身頃(裏)
際を縫う
1

縫い代を三つ折りにして縫う

9 ボタンホールを作り、ボタンをつける

上短冊のボタンホールは下短冊のボタンつけ位置に合わせて作る

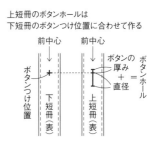

前中心
前中心
ボタンの厚み＋直径＝ボタンホール
ボタンつけ位置
下短冊(表)
上短冊(表)

[著者プロフィール]

玉井健太郎　　　　　　（たまい・けんたろう）

セントラルマーティンズ美術学校・メンズウェア学科卒業。
ロンドンにてマーガレット・ハウエル UKのアシスタントデザイナーを経て帰国。
2010年S/SよりASEEDONCLÖUDをスタート。

玉井瑤子　　　　　　　　（たまい・ようこ）

京都造形芸術大学（現・京都芸術大学）・卒業後、空間演出デザイン学科
ファッションデザインコース卒業。大学を卒業後、ASEEDONCLÖUDでのイ
ンターンシップを経て、2017年より入社。商品企画に携わる。

ASEEDONCLÖUD　　　　（アシードンクラウド）

19世紀後期〜20世紀初頭の写真に見られるような古い作業着の美しさ
を生かしながら、その美しさの裏にあるアイデンティティーに、ウイットとユー
モアを織り交ぜたデザイン。毎シーズン様々な職業のライフスタイルから
インスピレーションを得て、その生活の匂いをスパイスとして込めている。素
材は天然素材をベースに、時には時代観のあるものを、また時にはアンテ
ィークから再現したものを使用。

https://www.aseedoncloud.jp/
Instagram: @aseedoncloud

[製作スタッフ]

アートディレクション & デザイン	菅谷幸生、島みこ
撮影	田中雅也（TRON）
	安田如水（文化出版局）
	（4〜5、32ページ）
スタイリング	中兼英朗（S-14）
ヘア	宮本佳和（BE NATURAL）
イラスト	羽鳥好美
モデル	Fugo, Vega, Sara, Aruno（Dog）
製作協力	小村真里奈、gyoku、井手尾雪、
	金采妍、アトリエハシモト
作り方編集	髙井法子
デジタルトレース	宇野あかね（文化フォトタイプ）
パターングレーディング	上野和博
パタントレース	近藤博子
校閲	向井雅子
編集	鈴木百合子（文化出版局）

[生地協力]　　　　　　　　キジとイロイロ
https://kijitoiroiro.jp/
mail: support@kijitoiroiro.jp

こどものあそびぎ

2023年11月5日　第1刷発行

著者　　　　玉井健太郎・玉井瑤子

発行者　　　清木孝悦
発行所　　　学校法人文化学園 文化出版局
　　　　　　〒151-8524 東京都渋谷区代々木3-22-1
　　　　　　TEL. 03-3299-2479（編集）
　　　　　　TEL. 03-3299-2540（営業）
印刷・製本所　株式会社文化カラー印刷

文化出版局のホームページ　https://books.bunka.ac.jp/